Dados Internacionais de Catalogação na Publicação (CIP)
(Câmara Brasileira do Livro, SP, Brasil)

Gorinchteyn, Jean
  Sexo e Aids depois do 50 / Jean Gorinchteyn. --
1. ed. -- São Paulo : Ícone, 2010.

  ISBN 978-85-274-1139-4

  1. AIDS (Doença) - Aspectos psicológicos
2. AIDS (Doença) - Diagnóstico 3. AIDS (Doença) -
Fatores sexuais 4. AIDS (Doença) - História
5. AIDS (Doença) - Pacientes - Relações com a família
6. AIDS (Doença) - Tratamento 7. AIDS (Doença) na
meia idade - Aspectos sociais 8. Médico e
paciente I. Título.

10-08126

CDD-616.9792
NLM-WD 308

Índices para catálogo sistemático:

1. AIDS : Aspectos sociais : Medicina
   616.9792

DR. JEAN GORINCHTEYN

SEXO E AIDS
depois dos
50

1ª Edição
Brasil – 2010

© Copyright 2010.
Ícone Editora Ltda.

Projeto gráfico, capa e diagramação
Richard Veiga

Revisão
Juliana Biggi
Saulo C. Rêgo Barros

Proibida a reprodução total ou parcial desta obra, de qualquer forma ou meio eletrônico, mecânico, inclusive por meio de processos xerográficos, sem permissão expressa do editor (Lei n° 9.610/98).

Todos os direitos reservados para a
ÍCONE EDITORA LTDA.
Rua Anhanguera, 56/66 – Barra Funda
CEP 01135-000 – São Paulo – SP
Tel./Fax.: (11) 3392-7771
www.iconeeditora.com.br
e-mail: iconevendas@iconeeditora.com.br

PREFÁCIO

O Livro "Sexo e Aids depois dos 50", escrito pelo Dr. Jean Gorinchteyn, é na verdade o somatório de duas importantes experiências vividas por este jovem médico, mas já com uma longa experiência, que teve a perspicácia de perceber e transformar em livro uma situação peculiar, em que pessoas velhas para alguns vivem uma doença até há pouco desconhecida. Na verdade, não há nada de novo; talvez tenha faltado observar, com mais atenção, o dia a dia de pessoas que estão vivas, ativas, na plenitude da sua forma física e emocional. E isto o Dr. Jean conseguiu.

Além de me empolgar com a leitura de cada capítulo, o livro trouxe muitas recordações e coincidências com a minha vida pessoal e profissional.

Durante muitos anos eu e sete amigos, os quais se reencontram mensalmente, passamos as nossas férias escolares, de meio e final de ano, na Colônia de Férias do SESC, em Bertioga – São Paulo. Trata-se de um lugar muito bonito e organizado à beira de uma praia com muita areia, o que proporciona inúmeras atividades esportivas e um convívio próximo entre as pessoas. A programação, sempre bem elaborada, é voltada para todas as idades, mas, em especial, para aqueles que, a despeito do somatório do número de anos que colecionam, pretendem continuar vivendo.

Essa situação foi tão intensa em nossas vidas que continuamos a frequentar o SESC de São Paulo e o SENAC das cidades de São Pedro e de Campos do Jordão.

São instituições que se preocupam com a qualidade de vida das pessoas, sem estigmas e sem preconceitos. Desenvolvem atividades de aprimoramento profissional, ensino e, em especial, de orientação e prevenção.

A outra coincidência, própria da nossa mesma especialidade – Doenças Infecciosas e Parasitárias, é o contínuo convívio com os pacientes HIV/AIDS.

O primeiro caso de AIDS diagnosticado por mim e pelo meu grupo data de 1982, poucos meses após a descrição dos primeiros casos nos Estados Unidos da América.

Eu era pós-graduando da área de Doenças Infecciosas e Parasitárias da Faculdade de Medicina da Universidade de São Paulo, o que me obrigava a fazer inúmeros cursos, para obter os créditos necessários e, evidentemente, estar atualizado, minuto a minuto, com tudo o que ocorria na especialidade, nada diferente dos dias de hoje, pois, com a velocidade cada vez maior da informação, há a premência da busca continuada de novos conhecimentos.

Portanto, estávamos atentos para a iminente chegada de pacientes com o então pouco conhecido diagnóstico da Síndrome da Imunodeficiência Adquirida.

Como esperado, surge no consultório um jovem educador do interior de Minas Gerais com o quadro de emagrecimento, febre de origem indeterminada e inúmeros gânglios espalhados por todo o corpo. Na análise dos seus antecedentes pregressos, afirmou que fazia sexo com homens e, no ano anterior, havia tido mais de mil relações sexuais desprotegidas.

Submeteu-se a uma laparotomia para retirada de uma vesícula repleta de cálculos e a biópsia do fígado de gânglios intraperitoniais diagnosticou uma doença até então pouco relatada – micobacteriose atípica, causada pelo *Mycobacterium avium infra celulare*, relacionada à Síndrome da Imunodeficiência Adquirida. Em 1982, não haviam exames específicos para o diagnóstico da Aids.

O Dr. Jean relata a sua experiência com pacientes com idade superior a 50 anos de idade, conta as suas histórias e nos oferece, com objetividade, conceitos atuais da doença do século, tudo com muito humanismo.

Mas o autor nos oferece muito mais: carinho, sensibilidade e a forma adequada de lidar com situações difíceis, muitas vezes constrangedoras. Demonstra experiência e referenda as Instituições onde está ligado.

Acima de tudo, o livro "Sexo e Aids depois dos 50" é uma demonstração de respeito e amor ao próximo.

David Everson Uip
Professor Doutor em Infectologia
Diretor Técnico do Instituto de Infectologia Emílio Ribas

O AUTOR

Dr. Jean C. Gorinchteyn, médico infectologista do Ambulatório de Idosos com HIV/AIDS, do Instituto de Infectologia Emílio Ribas; mestre em doenças infecciosas pela CIP, Coordenação dos Institutos de Pesquisa da Secretaria de Estado da Saúde de São Paulo; professor adjunto de Disciplina de Doenças Infectoparasitarias (DIPA) da Faculdade de Medicina da Universidade de Mogi das Cruzes (UMC).

SUMÁRIO

Introdução
Mais atenção aos maiores de 50 anos, **13**

Capítulo I
Histórias reais de quem vive com o HIV, **21**

Capítulo II
A evolução da Aids no mundo e no Brasil, **37**

Capítulo III
O papel do Instituto Emílio Ribas, **47**

Capítulo IV
Como identificar os cenários de risco, **51**

Capítulo V
O impacto da doença para as mulheres, **61**

Capítulo VI

As reações dos homens, **71**

Capítulo VII

O momento do diagnóstico, **81**

Capítulo VIII

O tratamento da Aids na terceira idade, **89**

Capítulo IX

A influência do estilo de vida, **99**

Capítulo X

Nunca é tarde para aprender a se proteger, **107**

Introdução

MAIS ATENÇÃO AOS MAIORES DE 50 ANOS

Como se cumprisse um roteiro bem construído, o destino me conduziu por situações que se somaram para ampliar o meu interesse sobre a saúde e a qualidade de vida na terceira idade e também em relação ao cotidiano das pessoas atingidas pelo vírus da Aids. Com as informações à minha frente, foi natural juntar as peças desse quebra-cabeça e perceber que seria necessário elaborar uma forma especial de atender e cuidar das pessoas mais velhas infectadas pelo vírus da Aids.

Tudo começou em 1995. Eu estava no final do período de residência médica no Instituto de Infectologia Emílio Ribas – uma modalidade de ensino de pós-graduação para obter o título de especialista – quando surgiu a oportunidade de ir trabalhar no ambulatório da terceira idade do Serviço Social do Comércio (SESC), na Unidade Consolação, na região central da cidade de São Paulo. Lá eu me tornei responsável pela avaliação clínica dos associados acima de 60 anos. O objetivo era investigar como estava a saúde do coração, dos músculos e articulações para saber se poderiam praticar uma atividade física. Logo saltou aos meus olhos a disposição daqueles senhores e senhoras. Apesar da idade – muitos tinham 75, 80 anos – apresentavam grande vontade de viver e muita energia! Tinham também uma agenda social intensa, repleta de festas e viagens geralmente organizadas por pessoas do próprio grupo.

Durante seis anos de convívio com os idosos do Sesc, vi de perto histórias maravilhosas. Especialmente episódios de superação entre aqueles que haviam sofrido a perda de um cônjuge. Com alegria e surpresa, acompanhei o surgimento de muitos novos casais. Tudo isso me levou a rever as ideias que tinha a respeito do cotidiano dos idosos brasileiros. Claramente as pessoas acima de 60 anos, com as quais eu estava tendo o privilégio de compartilhar algumas horas semanais no Sesc, não tinham nada a ver com a antiga imagem de vovôs e vovós sentados no sofá, em casa, assistindo televisão e esperando o tempo passar.

Ao mesmo tempo em que atendia no Sesc, eu trabalhava no Instituto de Infectologia Emílio Ribas, como já disse. Por volta de 1996, comecei a notar a chegada de pacientes com mais de 60 anos infectados pelo vírus da Aids na enfermaria desse hospital. Para meus colegas e eu, era praticamente certo que esses indivíduos tivessem se infectado pelo vírus HIV, causador da Aids, durante transfusões sanguíneas. Embora a transmissão da doença por via sexual já fosse maior, o contágio pelo uso de derivados de sangue, como plasma e plaquetas, ainda representava um grande problema. Essa situação só começou a ser revertida em 1994, quando entrou em vigor a exigência da realização de testes de HIV nos doadores e nas bolsas de sangue.

Olhando para trás, fica evidente que desconsiderar a possibilidade de os idosos terem sido contaminados durante a relação sexual era uma forma de preconceito. Simplesmente, para nós e outros profissionais da saúde, a sexualidade nessa população inexistia. Não era considerada. Pois bem: a realidade mostrou que estávamos redondamente enganados.

O primeiro paciente de Aids que eu atendi – vamos chamá-lo Marcus, para facilitar a narrativa – abriu meus olhos para as dificuldades enfrentadas por pessoas da terceira idade que se descobrem vítimas da Aids. Ele e sua história me marcaram profundamente. Marcus era um homem de 65 anos, um executivo, que chegou ao hospital público transferido de um grande hospital particular de São Paulo, porque o convênio médico que pagava há tantos anos não cobria a internação por HIV. Naquele tempo, não havia nenhuma regulamentação obrigando os convênios a prestar esse atendimento. Ele fora internado por causa de uma pneumonia extensa, que não cedia com antibióticos convencionais. Porém, a verdadeira causa dos sintomas de Marcus só se revelou quando ele foi submetido a um exame especial – uma broncoscopia (retirada de amostras de tecido do pulmão por meio de delicadas sondas introduzidas pela traqueia) – para identificar o agente causador da pneumonia. Em geral, a forma comum é causada por bactérias. Entretanto, o teste denunciou a presença de um agente oportunista, um micro-organismo que se aproveita de falhas na capacidade do organismo de eliminar corpos estranhos, para se instalar. A doença do paciente foi então reclassificada como pneumocistose. Por causa desse resultado, a equipe que cuidava de Marcus começou a suspeitar de que ele poderia ter o vírus da Aids. Pedido o exame para HIV, deu positivo.

Imagine-se o drama desse homem. Marcus estava no fundo do poço quando foi recebido por mim no Instituto Emílio Ribas. Não só estava debilitado fisicamente, mas emocionalmente. Tinha sido defenestrado do hospital e precisaria enfrentar as reações da família por causa de uma doença complexa. O primeiro passo foi dar a ele os antibióticos adequados para combater a pneumocistose. Em seguida, começou a ter suporte psicológico com a equipe de psicólogos no próprio hospital, que o visitavam diariamente para ampará-lo e fazê-lo superar a dificuldade do diagnóstico, do afastamento da família decorrente da internação, e o enfrentamento familiar diante do diagnóstico.

O que mais me chamou a atenção – e eu nunca mais consegui esquecer – foi o isolamento e a preocupação daquele homem. Ele se sentia profundamente só, desamparado e angustiado, com a vida resumida a uma cama na enfermaria e a uma visita de uma hora por dia. Nesse pouco tempo, queria saber o que estava acontecendo na sua ausência, se a mulher o tinha perdoado, o que pensavam seus filhos sobre a situação inesperada. Enfim, nos dez dias que duraram a internação de Marcus no hospital, pude sentir o impacto que a notícia da soropositividade tem na vida de uma pessoa e de sua família a essa altura da vida. Aquilo me chocou. E fiquei pensando no que se poderia fazer para amenizar os conflitos.

Conversei bastante com Marcus. Ele me disse que não se sentia velho e tinha planos para si e para a mulher, queria ver os filhos se casarem e ter netos. Naquela época, o tratamento ainda se resumia ao uso da Zidovudina (AZT) e a Aids ainda não era considerada uma doença crônica, como passou a ser nos dias de hoje. Mas Marcus foi um paciente exemplar por vários outros motivos. Ele me mostrou quanto era difícil para as pessoas mais velhas falarem da sua vida sexual com abertura. Como tantos outros que atendi depois, Marcus comentou que teve relacionamentos sexuais, mas não revelava que tipo ou com quem. Tais detalhes específicos eram importantes para os médicos, para que se pudesse traçar um perfil da epidemia. No começo, principalmente, era necessário entender como a doença estava se espalhando.

Entrar na intimidade sexual dessas pessoas era e continua sendo uma tarefa complicada. Não gostam de falar, sentem-se demasiadamente expostos, atingidos na sua representatividade – os papéis que representavam na vida dos outros, como pai, avô, marido. Marcus perguntava-me o que sua família diria se soubesse que o vovô tinha feito sexo casual com alguém que nem conhecia.

Na mesma época, atendi um casal no próprio Sesc que me deu a dimensão da falta de informação existente entre essa população. Ela era viúva, professora universitária, e tinha pouco mais de 60 anos. Ele também era professor universitário e estava na mesma faixa. No começo da conversa, ela me perguntou: "Queremos reconstruir nossa vida. Eu e ele nos casamos com nossos primeiros namorados e nunca usamos camisinha. Em que momento deveríamos usá-la?" E eu perguntei: "Em que momentos vocês usam?" A resposta dada caiu como um soco no peito. "Quando está próximo da ejaculação." Ou seja, um erro. Eu estava diante de duas pessoas com nível universitário que utilizavam o preservativo de modo incorreto. O que aconteceria, então, com aqueles que dispunham de menos informação? Esta situação me alertou para a necessidade de orientar esses indivíduos.

Minha primeira providência foi realizar um levantamento para entender o risco que corriam. Fui estudar o histórico de 121 pacientes tratados no Emílio Ribas com diagnóstico de Aids e apresentando doenças oportunistas no momento da internação. Esse trabalho consubstanciou-se na minha tese de mestrado, defendida em 2003. Até então, não havia nada na literatura científica mundial sobre o tema. Entre os médicos, eram conhecidos apenas relatos de casos esporádicos. A pesquisa provou que havia uma demanda a ser atendida, o que foi entendido pelo hospital. Em janeiro de 2004, foi aberto o ambulatório de Aids em idosos, para atender a todos os infectados pelo HIV acima de 60 anos, com os cuidados que essa população específica precisa receber.

Cuidados como tempo diferenciado de consulta, explicações pormenorizadas nas receitas, muitas vezes utilizando-se referência de cores das medicações, além de atenção humanizada, com especial preocupação com seu convívio social e familiar. Um dos fatos mais relevantes é o de o idoso normalmente ter várias doenças além da Aids. Ele chega ao médico com diabete ou pressão alta, por exemplo, e isso requer atenção ainda maior no atendimento. Sua orientação deve ser diferenciada em termos de tempo e ele costuma precisar de ajuda para entender o que são os remédios ou até mesmo quando deve tomá-los. O grau de compreensão das rotinas do tratamento, essenciais ao seu sucesso, varia em função do nível sociocultural e da carga emocional que o paciente carrega com ele, suas dificuldades com a esposa, os filhos, os amigos. Ou seja, sua doença precisa ser abordada de um ponto de vista socioestrutural, e não orgânico somente.

Ao mesmo **tempo em que** pesquisava para a tese, decidi atuar também no atendimento aos idosos do Sesc, onde eu trabalhava. Havia uma programação de aulas de prevenção, coordenada por mim, na qual a cada 15 dias um médico fazia uma palestra sobre assuntos diversos: câncer, hipertensão, diabete. A frequência era boa. Cerca de 80 a 100 pessoas compareciam. E eu fui falar de Aids na terceira idade.

Apareceram três pessoas: uma auxiliar técnica para ajudar a mexer no monitor, uma velhinha... e eu! A velhinha ficou sentada na primeira fila de cadeiras e o tempo todo sorria para mim. Falei por uns quarenta minutos sobre a evolução da Aids em pacientes idosos e como as pessoas deveriam se prevenir. Quando acabei, ela disse: "Doutor, gostamos muito do senhor, mas que tema infeliz o senhor escolheu para falar!", lamentou. E continuou. "O senhor acha que o idoso faz sexo? Não faz." Fiquei desconcertado, mas decidi ir adiante.

Atendendo no hospital público, na rede privada e no consultório, ganhei experiência no relacionamento com os pacientes e suas famílias. Sei que muitos infectados só se abrem quatro ou cinco anos depois de iniciado o tratamento. Um deles contou-me, recentemente, que frequenta saunas e que provavelmente contaminou-se por lá. Por que só agora decidiu me contar? Porque é um senhor respeitável casado com uma senhora de cabelos brancos, que de modo algum queria associar a sua contaminação pelo HIV com práticas sexuais sem proteção. E, ainda por cima, bissexuais. No entanto, seja lá com quem tenha sido, a verdade é que fez sexo desprotegido e foi infectado.

Outra cena comum é a família que não deixa os pais a sós com o médico jamais, para evitar que se **interrogue** sobre a via de contágio. Tantos anos passados, estou mais experiente no relacionamento com pacientes e suas famílias. Entendo quando as pessoas chegam ao consultório dizendo que estão em dúvida sobre o contágio porque se relaciona-ram com "uma pessoa". A expressão cautelosa "uma pessoa" quase sempre indica alguém do mesmo sexo. E o paciente receia que, se me contar, eu não vá olhá-lo mais da mesma forma, que talvez eu possa perder o respeito que ele deseja receber de mim. Principalmente se o paciente em questão tiver cabelos brancos.

A mesma vergonha vejo algumas vezes na expressão contrita de senhoras infectadas por homens mais jovens que conheceram em bailes, viagens ou no bingo, por exemplo, e com quem tiveram relacionamentos rápidos.

Por tudo isso, ou seja, por acompanhar de perto o drama de quem se vê enredado pela Aids na terceira idade, decidi escrever este livro. Minha intenção é compartilhar o que aprendi e retribuir com minha experiência aos pacientes que tanto me ensinaram. Não resta dúvida de que informação e solidariedade são duas armas essenciais para enfrentar a Aids. Porque se trata de uma doença que atinge o ser humano, independentemente de sua idade. Portanto, jovens, adultos e idosos devem ter os mesmos cuidados na sua vida sexual, conscientes de que todo aquele que não se prevenir convenientemente pode ser contaminado.

Jean Gorinchteyn
São Paulo, novembro de 2009

Capítulo I

HISTÓRIAS REAIS DE QUEM VIVE COM O HIV

A vida nunca é linear. Alegrias e tristezas podem ser separadas apenas por uma linha tênue, um fio de navalha, um triz, e esta realidade tem o poder de transformar vidas, mudar cenários, humores, histórias, perspectivas, objetivos, emoções... O ser humano está sujeito a saltar, pois, do topo da felicidade à tristeza mais profunda, de uma hora para outra...

Os relatos que se seguem são histórias verdadeiras, trechos de vidas de pessoas comuns que enfrentaram mudanças radicais em sua rotina. Elas decidiram começar ou mesmo recomeçar a busca pela felicidade, superando perdas ou simplesmente fugindo da solidão. Todavia, nessa busca, jamais imaginaram que em seus destinos estaria a doença provocada pela infecção do HIV.

Os depoimentos mostram que essas pessoas, em sua busca, ainda que maduras, descuidaram-se e agiram sem a cautela necessária. Contaminaram-se, na maioria das vezes, em especial por causa do desconhecimento. Não o desconhecimento em relação ao vírus HIV, mas quanto ao fato de, nessa faixa etária, estarem expostas aos mesmos riscos que jovens e adultos jovens. "Se me tivessem falado sobre isso, eu teria me protegido", lamentou uma senhora. E seu comentário revela o descompasso na identificação dos idosos com as campanhas veiculadas. Esta é uma realidade que tende a se manter, caso a terceira idade não seja intensificadamente orientada a se proteger nos relacionamentos sexuais.

A Aids não é uma "doença só de jovens", como ainda avaliam muitos idosos. Ela espreita homens e mulheres de todas as idades nas relações sexuais sem proteção, eis a verdade. Portanto, camisinha, camisinha, camisinha, para todos, sem exceção.

Mas choca o próprio profissional, muitas vezes, falar sobre o tema para um idoso. Em geral, o médico sente-se imoral ou mesmo amoral ao tomar essa atitude, parece-lhe estar transgredindo regras e valores. Que valores? Os conhecidos, da moral e dos bons costumes. A camisinha nos dias de hoje é um bom costume, porém, não é vista dessa forma quando se trata da terceira idade. Por quê? Porque ainda se acredita que o idoso deveria aposentar-se da sexualidade! Felizmente, porém, sua sexualidade se mantém e desacreditar desta realidade é não falar em prevenção, abrindo brecha para a contaminação que poderia ser evitada. Esta atitude, esta mentalidade da prevenção é uma forma eficiente de conservar vidas, de não permitir que sofram transformações radicais sem retorno. No caso do HIV, sobrevém o preconceito que os força a ocultar seus diagnósticos e a viver, na intimidade de sua angústia, seus sofrimentos solitários.

Como os pacientes preferem manter o anonimato, seus nomes aqui são fictícios. Eles temem que a divulgação de sua condição termine por dificultar suas vidas. Nos relatos, é possível encontrar a real dimensão do impacto da Aids sobre o cotidiano, as emoções, as relações com os amigos e a família. Também é possível depreender a vulnerabilidade, o desconhecimento e a facilidade com que as pessoas se expõem ao risco de ser contaminadas. Enfim, são retratos fiéis do que a Aids é capaz de fazer na vida dos idosos brasileiros.

Maria, 75 anos, catarinense

Fui casada por quase vinte anos, mas nunca soube o que era felicidade. Meu casamento foi marcado por brigas, traições e agressões físicas constantes. Até que um dia ele saiu de casa e nunca mais voltou. Comigo ficaram os nossos quatro filhos. Sem o apoio dele, dediquei a minha vida exclusivamente para cuidar das crianças. Apesar de ser muito jovem, nunca quis arrumar outro homem. Só pensava em trabalhar e cuidar dos meus filhos da melhor maneira possível. Anos mais tarde, quando eles já estavam crescidos, senti vontade de ter um companheiro. Afinal, estava com 58 anos, e com os filhos casando, logo estaria sozinha. Comecei a ir a bailes da terceira idade e me divertia muito nesses eventos. Era o meu programa favorito. Um dia fui visitar familiares em Santa Catarina. Lá, fui a um desses bailes e conheci um homem. Muito carinhoso, cavalheiro e dez anos mais jovem do que eu. Por causa dele, resolvi ficar um tempo em Santa Catarina. Ficamos juntos por um ano. Foi um relacionamento muito bom. Mas, infelizmente, sem qualquer preocupação com prevenção. Nem eu nem ele falávamos sobre isso. Eu tinha conhecimento da Aids, só não esperava que pudesse acontecer comigo. Depois que terminamos voltei para São Paulo e alguns meses depois soube que ele estava muito doente. Pouco tempo depois ele morreu. Fiquei triste, mas nunca soube qual teria sido a causa. Anos mais tarde, quando completei 65 anos, minha vida sofreu uma reviravolta dramática. Comecei a ficar doente. Fraqueza, dores pelo corpo e perda de peso. Fiz exames, mas não conseguiam chegar a um diagnóstico. Um dia, um dos muitos médicos que procurei perguntou ao meu filho se poderia pedir o teste para HIV. Concordamos. E para nosso desespero deu positivo. A tristeza se abateu sobre a nossa família. Meus filhos não se conformavam, choravam sem parar. Uma tragédia que desestruturou a todos nós e mudou as nossas vidas. Eu passava os dias pensando como isso poderia ter acontecido comigo. Estava arrependida e culpada de ter-me envolvido com aquele rapaz. Pensava em toda a minha vida, no esforço que fiz para criar os meus filhos e no meu sofrimento nos longos anos de casamento. Não podia terminar a vida esquelética e presa a uma cama. Não aceitava mais esse castigo. Mas essa tragédia fez nascer dentro de mim um desejo muito forte de superação. Comecei a reagir. Decidi que não iria deixar um vírus me matar. Essa atitude fortaleceu a mim e a minha família. Porém, quando comecei o tratamento, fiquei deprimida por causa dos efeitos colaterais, muito fortes. Enjoos, dias e dias vomitando e sem vontade de comer. Como consequência, meu colesterol também aumentou. Por isso passei a tomar mais um medicamento para mantê-lo nos níveis recomendados. O que me incomoda é ver que o meu corpo começa a se modificar em função desse tratamento. A barriga está grande e as pernas, finas. Não há autoestima que resista. Apesar disso, tenho a doença sob controle. Nos últimos anos tenho dedicado a minha vida a orientar outras mulheres a se cuidarem. Vou aos bailes da terceira idade, distribuo camisinhas e falo da importância de usarmos essa proteção. Ninguém sabe que falo por experiência própria. Afinal, nenhum dos meus amigos sabe que tenho Aids. É uma forma que encontrei para extravasar o meu sofrimento. Isso me faz muito bem. Apesar desse trabalho e do carinho que recebo dos meus filhos, netos e noras, me pego às vezes me questionando. Por que eu?

Antônio, 66 anos, baiano

Nunca vou esquecer o olhar de mágoa e dor da minha mulher no dia em que soubemos que eu estava com Aids. Chorando muito, ela me perguntava o que eu havia feito com a vida dela. Eu queria morrer e cheguei a tentar fazer isso. A dor e a culpa me abalaram mais que o diagnóstico. Mas sabia que esses sentimentos nem de perto se comparavam ao que a minha esposa sentia. Afinal, eu estava infectado e, certamente, ela também. Os exames feitos dias depois confirmaram também sua contaminação. Desde esse dia, a vida para nós dois perdeu o sentido. A depressão tomou conta do nosso lar. Estávamos casados havia 38 anos, e tínhamos uma vida de luta, mas de cumplicidade. Éramos felizes. Tínhamos dois filhos e três netos completavam a nossa vida. Agora, aos 55 anos, aposentado, queria aproveitar para desfrutar a vida com a minha esposa, já que havia passado a maior parte do tempo de casados trabalhando. Foram quase quarenta anos de trabalho pesado na construção civil em obras do metrô de São Paulo. Por causa disso, cheguei a fazer uma cirurgia para extrair uma hérnia no abdome anos antes. Mas agora estava bem e podia viver a vida de forma mais calma. Um dia, comecei a sentir dores e muita fraqueza. Fiz vários exames, mas não conseguia me livrar do problema. Quase um ano depois um médico pediu o teste para HIV. No dia em que fomos buscar os resultados, ele me chamou no canto e disse que eu estava infectado. Não entendi bem o significado daquele diagnóstico. Já tinha ouvido sobre essa doença, mas não sabia do que se tratava. O médico nos explicou e falou que a minha esposa deveria também fazer o teste. Mas naquele momento eu só pensava que a nossa vida havia acabado. Voltamos para casa, reunimos a família e demos a notícia. Foi um dia de muita dor, choro, mas sem acusações. Tive o apoio deles. Mas, no fundo, sentia uma revolta muito grande por ter levado para dentro de casa uma coisa tão ruim quanto isso. E embora eu tivesse a certeza de que não havia tido outros relacionamentos fora do meu casamento, minha esposa não me perdoava. Ela chorava sem parar e me acusava o tempo todo. Não sabia o que fazer para convencê-la de que eu não a havia traído. Um dia conseguimos ter uma longa conversa e no final estávamos convencidos de que eu só poderia ter contraído o vírus por uma transfusão de sangue, quando fiz a cirurgia para extrair a hérnia. Durante a cirurgia tive complicações e recebi sangue. Eu estava convencido de que foi nesse momento que me infectei. Dias depois dessa conversa, ela me perdoou. Depois desse momento, passamos a viver melhor. Mas ela não conseguiu se livrar da depressão, doença ainda mais devastadora que a própria Aids. Anos mais tarde, ela desenvolveu um câncer. Eu sofria porque ela estava cada vez mais debilitada. Cuidava dela com muito carinho. Fazia comida, café da manhã, íamos ao supermercado e passávamos longas horas juntos. Em 2007, ela morreu. Sofri novo abalo na minha vida. Mas desta vez sinto que não tenho forças para levantar. Vivo sozinho, choro e sofro muito com a saudade. O médico me encaminhou para um psicólogo, fiz terapia, mas não consigo deixar de pensar nela. Passo a maior parte dos dias sozinho. Meus filhos me visitam pouco. Tenho certeza de que não morrerei por complicações da Aids. O que está me matando é a melancolia, a tristeza e a solidão.

Tereza, 61 anos, paraibana

Sempre fui muito vaidosa. Tinha corpo bonito, pernas grossas que me davam orgulho. Gostava de sair, me divertir com amigos como qualquer mulher de bem com a vida. Trabalhava como supervisora em uma grande empresa. Vivia um momento muito feliz na minha vida amorosa. Depois de dois casamentos – o primeiro havia durado 39 anos e resultado em três filhos. O segundo, quase cinco anos e outro menino. Em 1993, comecei e perder peso repentinamente. Ao mesmo tempo, passei a sentir uma intensa fraqueza que me impedia de fazer as atividades diárias. Não entendia o que estava acontecendo. Fui a vários médicos. Tomei muitos remédios para tratar a fraqueza, mas os problemas continuavam. Em janeiro de 1994, minha ginecologista me perguntou se poderia pedir um teste para HIV. Não hesitei, pois sabia que não tinha o vírus. Nessa época, estava morando com meu segundo marido, dezesseis anos mais jovem que eu. Ele me apoiava em tudo. Desde que comecei a ficar doente ele não saía do meu lado. Sempre atencioso, me acompanhava nas consultas médicas e me apoiou quando decidi fazer o teste. Embora nunca tivesse usado camisinha em nenhuma das minhas relações, na minha cabeça, como já havia feito cirurgia para não ter mais filhos, não precisava me preocupar com isso. Nunca pensei sobre esse risco. No dia em que fomos buscar o resultado do teste, estava tranquila. Estávamos dentro do ônibus a caminho de casa quando ele abriu o envelope com os exames, me olhou com tranquilidade e disse: "Você tem o HIV". Naquele momento meu mundo ruiu. Fiquei em pânico. Comecei a chorar compulsivamente, mas ele não parecia preocupado. Em casa a primeira coisa que fiz foi contar para meu filho mais velho. Ele ficou muito abatido. Choramos juntos por muitos dias e noites. Não acreditava que pudesse estar com

Aids, me culpava por ter sido tão negligente, imprudente. Já o meu namorado nunca fez nenhum comentário. Continuamos juntos. Um dia perguntei a ele se tinha o vírus. Desconversou. Disse que não queria falar sobre o assunto. Sugeri que fizesse o teste também. Não aceitou. Mas essa recusa só fortalecia a minha desconfiança. Ficamos juntos por mais um ano. Depois ele me deixou.

Desde o diagnóstico não tive mais felicidade. Mudei minha rotina e a minha vida, me transformei em uma mulher triste e infeliz. Mergulhei em uma depressão profunda. O tratamento é eficiente, mas os efeitos colaterais são devastadores. Além de enjoos e mal-estar, sofro com as alterações no meu corpo. Minhas pernas afinaram e na minha barriga tem um acúmulo de gordura que deforma todo o corpo. Por causa disso, não saio mais na rua. Outras complicações como artrose me impedem até de me ajoelhar para rezar. Penso em como vivi a minha vida, na mulher feliz que eu era e como estou agora. Acho que só não morri ainda por causa dos meus filhos e netos. É neles que me apoio. Não sei ainda por quanto tempo.

Laura, 72 anos, paulista

Sou casada há 45 anos com um homem que sempre foi um excelente companheiro. Tivemos dois filhos maravilhosos que nos presentearam com quatro netos lindos. Embora não tivéssemos bens, vivíamos uma vida digna. Meu esposo sempre foi muito trabalhador, carinhoso comigo e com nossos filhos. Mas ele tinha um problema muito sério. Era alcoólatra. Bebia muito quase todos os dias. Não era violento, mas causava constrangimento. E a cada cena uma promessa de que nunca mais iria beber. Promessas normalmente esquecidas no dia seguinte. Essa situação sempre me incomodou muito e eu sofria com isso. Cansada de suas promessas não cumpridas, tomei uma decisão drástica. Disse a ele que só teria relações sexuais quando parasse de beber. Era um tipo de castigo. Ainda assim ele não abandonou o vício. Ficamos então seis anos sem ter nenhum contato sexual. Ele chegava em casa alcoolizado e dormia. No dia seguinte saía para o trabalho sem fazer comentários. Mas um fato iria mudar nossas vidas para sempre. Há cinco anos comecei a emagrecer repentinamente. Foram mais de quinze quilos em três meses. Também comecei a sentir muitas dores nas pernas. Fui ao médico. Os exames acusaram que estava com plaquetas baixas. O médico solicitou novos testes e, quando levei os resultados, ele me pediu para que me consultasse com um infectologista. Não disse mais nada. Quando chegamos à especialista, ela olhou os exames e disse que não tinha boas notícias. A primeira coisa que me ocorreu foi que estava com câncer. A médica me perguntou se eu era bem casada ou havia tido muitos relacionamentos. Queria saber isso porque os exames mostravam que eu estava com Aids. Eu me senti caindo em um buraco. Meu filho que estava comigo começou a chorar. A cena que veio à minha cabeça era eu com aquela expressão esquelética, de morte. Foi a pior notícia que já recebi. Quando contei para o meu marido, ele ficou desesperado, me questionava como isso poderia ter acontecido. Meus filhos ficaram também muito chocados e muito tristes. Durante duas semanas só chorávamos. Diante do problema ele também foi fazer o teste. Deu positivo. A primeira coisa que pensamos foi em nos separar. Eu estava muito magoada com ele. Sabia que tinha sido ele o responsável. Não havia outra possibilidade. Não recebi transfusão nem tive relacionamentos fora do meu casamento. Nem mesmo antes de nos casarmos. Já ele jurava que não tinha tido relações sexuais com outras mulheres. Mas a dúvida sempre existirá.

Vivo procurando respostas. No começo ficávamos jogando indiretas um para o outro. E isso nos fazia sofrer ainda mais. Às vezes penso naquele castigo que dei a ele durante seis anos. Esse seria um motivo para ele ter procurado sexo fora de casa. Durante esses anos com o vírus, falamos muito sobre esse problema. Cheguei a pedir pelo amor de Deus para que ele me dissesse a verdade. Ele sempre negou. Hoje já lidamos melhor com tudo isso. Ele não bebe mais e passa o dia inteiro dentro de casa. É sempre muito atencioso e preocupado comigo. Eu me cuido muito para me prevenir das doenças oportunistas, embora já tenha tido duas pneumonias. Sigo rigorosamente as recomendações do meu médico. Não deixo de tomar os remédios um dia sequer. Se tenho de viajar, ou se vou a alguma festa, levo os medicamentos na bolsa para não perder a hora de tomá-los. Mas tenho uma coisa da qual não consigo me livrar: uma enorme angústia dentro de mim. Essa falta de respostas me incomoda muito. Embora saiba que nada mais vai mudar a nossa condição, tenho direito de saber a verdade. Eu não merecia esse castigo no final da minha vida.

José, 65 anos, baiano

Há dez anos descobri que tenho Aids. Nesse período, mais do que mudar minha rotina e os meus hábitos, mudei o pensamento em relação a muitas coisas. Amadureci, apesar de já não ser mais tão jovem. Afinal, esse é o tipo de notícia que ninguém nunca quer receber. Na vida tendemos sempre a achar que coisas desse tipo nunca vão acontecer com a gente. Por isso quando você descobre que tem é como se faltasse o chão. Foi o que senti quando a médica olhou os meus exames e disse sem qualquer rodeio: "Você está com Aids". Chorei feito criança ali mesmo no posto de saúde. Pensei que a minha vida tinha chegado ao fim. Naquela época ouvia falar de gente com Aids, mas não dava muita importância. Mas, naquele momento, senti o meu mundo ruir. Estava debilitado fisicamente, pois me recuperava de uma grave infecção no pulmão, motivo pelo qual havia ficado 45 dias internado. Infecção que mais tarde soube já ser uma manifestação da doença. A primeira coisa depois do diagnóstico foi reunir a família – os meus dois filhos e minha ex-esposa – e contar a verdade. Eles ficaram chocados e muito tristes. Estava com 55 anos, tinha acabado de me separar e vivia uma nova fase da minha vida. Não podia acreditar. Tentei recordar em que momento essa contaminação poderia ter ocorrido. E me lembrei que havia sofrido um grave acidente anos antes e tive de fazer uma transfusão de sangue. Só poderia ter sido nesse momento. Mas também me vieram à cabeça alguns momentos de fraqueza ao longo da minha vida de casado. Tinha um relacionamento difícil com a minha esposa. Por isso, às vezes, ficava com outras mulheres. Isso me incomodava. Decidi que não iria mais me preocupar com isso. Afinal, eu já estava infectado e precisava me dedicar ao tratamento. Depois da conversa com minha família, decidimos que esse assunto não seria comentado com mais ninguém. Seria o nosso segredo. Não estava disposto a ter de responder tantas perguntas, nem ver os olhares de acusação. Ainda existe muito preconceito sobre essa doença. Comecei o tratamento e, desde então, me cuido para evitar complicações. Graças a Deus não tive problemas com os efeitos colaterais dos remédios. Sigo todas as orientações do meu médico e me sinto bem. Mas tem uma coisa que mexe muito comigo quando vou ao hospital para as consultas periódicas. São os jovens que vejo lá no ambulatório de Aids. Todos com o mesmo problema que eu. Fico triste porque imagino como deve ser difícil para eles. Pergunto-me que futuro esses jovens terão. Sempre tive um bom relacionamento com meus filhos, mas depois da Aids ficamos mais próximos, falamos sobre vários assuntos, e principalmente sobre prevenção. Talvez eu não tenha sido cuidadoso, mas espero que eles sejam. Tento levar a vida normalmente. Vou a bailes, namoro, viajo, sem abrir mão de todos os cuidados. Recentemente conheci uma mulher e começamos a namorar. Gosto dela, mas ainda não contei sobre o meu problema. Estou me preparando primeiro. Tenho medo que ela não entenda e termine comigo. Já pensei em levá-la ao meu médico para que ele explique sobre o meu problema. Ela é muito especial para mim e a quero comigo. Não pretendo ficar sozinho. Não quero que a Aids tire também o meu direito de ser feliz.

Melina, 64 anos, carioca

Lembro-me bem daquela manhã. Por insistência das amigas, iria a um baile programado para pessoas mais maduras, uma promoção para a chamada terceira idade, apesar de eu não me considerar parte desse grupo etário. Tinha perdido meu companheiro de tantos anos havia alguns meses, ainda me sentia enlutada, meu filhos já estavam todos casados e eu ia tocando minha vida repleta de lembranças, procurando nas tarefas domésticas fazer com que meus dias passassem mais rapidamente, mas as noites eram longas demais. Eu curtia lembranças, cuidava da casa, procurava executar pequenas tarefas na tentativa de enganar o tempo, mas infelizmente meus dias e noites se arrastavam. Era difícil viver, as horas passavam vagarosamente, eu estava sob o peso da depressão, tudo perdera o sabor para mim. Eu estava deprimida. Minhas vizinhas incentivavam-me a me divertir, sempre procuraram me ajudar a superar as dificuldades, muitas vezes gastavam tempo a me consolar e levantar meu astral, confortavam-me muito e foram elas as minhas grandes incentivadoras para aquele programa. "Vá, Cidinha, você precisa se divertir", diziam elas. E me destacavam a juventude restante, incentivando-me a participar daquele programa sob os apelos da beleza que ainda viam em mim, alegando que eu me conservava jovem, bonita, precisava me distrair, sair daquele marasmo pessoal. Assim, me aconselharam a participar daquele programa, como forma de aproveitar melhor a vida, voltar, enfim, a viver bem. Tomei coragem e as acompanhei a um baile. Eu me sentia nervosa como uma adolescente, minhas mãos estavam frias, sentia-me como se estivesse, afinal, fazendo alguma coisa proibida, mas procurava dominar a ansiedade. Estaria fazendo algo de errado? Pensava com meus botões. Nervosismo, mãos frias, parecia que realmente eu estava fazendo algo condenável, mas tentava me convencer do contrário, tranquilizava meus pensamentos concentrando-me na possibilidade de recomeçar a viver a vida com mais entusiasmo. Impossível evitar o nervosismo, como se estivesse cometendo uma infração! Mesmo assim, procurava me tranquilizar e concentrar meus pensamentos na possibilidade de recomeçar a viver. Chegamos cedo. Outras senhoras também estavam chegando e havia um aglomerado na porta do prédio, apesar de as portas ainda estarem fechadas. As pessoas conversavam alegremente, com simpatia e disposição, isso fez com que aos poucos eu também me sentisse enturmada e, quando as portas se abriram, sentei-me em uma mesa com outras senhoras, além das amigas que me acompanhavam. Aos poucos, me descontraí entre elas e a conversa entre nós se tornava divertida e agradável. Os temas do papo variavam e assim, descontraidamente, se instalou um clima de camaradagem e alegria que me deixou à vontade e alegre. Notei, entretanto, que a presença de homens era menor ali, mas me informaram que era assim mesmo, o contingente feminino era sempre maior. Eu me diverti bastante, dancei, cantei, ri muito, me senti revigorada. Quando o baile terminou, um senhor de cabelos grisalhos, paletó bem cortado, e sorriso largo se aproximou de mim. "Se a senhora me permite, eu a observei durante o baile todo, vim cumprimentá-la e convidá-la para voltar na próxima semana", disse ele, beijando minha mão. Era um dos organizadores do evento e eu me senti encantada com suas palavras. Foi um encantamento! A partir de então, habituei-me a esperar com ansiedade pelo baile, nos quais me divertia e dançava bastante, mas a melhor parte do evento era ser alvo das atenções do anfitrião daquela festa. Nós nos tornamos amigos e passamos a nos encontrar ao longo da semana, nos falávamos diariamente, passávamos horas em parques, visitávamos museus, íamos ao cinema... Muitas vezes eu o comparava a meu finado marido, que ficava pregado à frente da televisão nos finais de semana, me relegando às tarefas domésticas, e terminava por concluir que encontrara, enfim, o parceiro ideal. Certa tarde, ele me levou a seu apartamento, uma pequena quitinete, onde encontrei velhos discos de vinil, LPs de orquestras e tenores, os quais passamos a ouvir juntos, enquanto trocávamos carícias e nos doávamos um ao outro. Eu me sentia amada, revigorada, desejada, e chegou um momento em que avaliei ser necessário apresentá-lo à minha família – mas não entedia quando ele se esquivava do assunto. Ainda assim, respeitei-lhe a atitude, até que um dia ele disse que viajaria para o interior de São Paulo, onde passaria um tempo com a filha, para resolver assuntos familiares. Apesar de não entender por que razão ficaria ele tanto tempo fora e distante, não me sentia à vontade para fazer perguntas a respeito. Os dias foram se passando, ele não voltava nem dava notícias. Quando veio o contato, a surpresa:

ele havia falecido! Soube que tivera uma forte pneumonia e me espantei, como assim pneumonia?! Um homem forte, saudável, poderia morrer de enfarto, câncer ou outra doença mais grave, mas uma pneumonia, em um homem tão saudável?! Não conseguia aceitar que estivesse enviuvando pela segunda vez, era demais para mim, mais ainda por não ter tido a chance de ficar ao lado do meu companheiro em seus últimos momentos, eu me recusava a acreditar no que estava me acontecendo pela segunda vez. Viajei cerca de três horas para me encontrar com a filha dele e visitar sua sepultura, e ouvi da moça o lamento: "É, essa doença é assim mesmo, de uma hora para outra arranca a vida da pessoa". Não entendi o que ela dizia, mas de que doença estava falando? Então ela se espantou pelo meu desconhecimento sobre a situação de seu pai, portador do vírus HIV, que se tratava havia um bom tempo, tendo por isso mesmo, inclusive, tomado a decisão de sair da cidade para receber acompanhamento médico. Meu mundo caiu! Naquele momento, pensei o quanto tinha sido enganada, ele sabia de sua condição e não se preocupou em me proteger – eu estaria contaminada?! Na minha cabeça, além da preocupação quanto à possibilidade de estar contaminada, pensava em como falar sobre isso com meus filhos, em como seria a minha vida a partir dali. E decidi fazer um teste, um exame para constatar ou não a contaminação. Na minha cabeça as perguntas se acumulavam. Como falar sobre o assunto com meus filhos? Estaria doente? Como seria minha vida a partir daquele momento? E não tive coragem para realizar o exame, afinal sentia-me bem, poderia adiar sua realização, apesar de também sentir que deveria, de uma vez por todas, me submeter a ele. Entretanto, queria tirar aquele fantasma da minha cabeça e decidi fazer o teste, cujo resultado demoraria alguns dias – que me pareceram séculos de angústia e medo. Estava me preparando para ir ao laboratório buscar o resultado, quando o telefone tocou. Era exatamente do laboratório, eles me pediam para repetir o exame, uma vez que houvera problemas com a primeira amostra. Naquele momento, sentia que minha vida estava suspensa. Dias depois, o resultado veio positivo.

Capítulo II

A EVOLUÇÃO DA AIDS NO MUNDO E NO BRASIL

Quase três décadas se passaram desde a identificação da Síndrome da Imunodeficiência Adquirida, a Aids, em 1981. Durante todo esse tempo, houve grandes mudanças na forma de compreender a doença, seu tratamento e implicações. Nos seus primórdios, na década de 80, ela desafiava a medicina e se mostrava como uma enfermidade fatal para os atingidos. Mas, gradativamente, a partir de cada passo dado pela ciência, foi sendo transformada em um problema crônico, com o qual se pode conviver por décadas sob o uso de medicação e seguindo um estilo de vida adequado. Reveladora, a Aids deixou muitas lições nesses quase trinta anos. Levou a sociedade, por exemplo, a uma situação em que não poderia deixar de enfrentar seus preconceitos para conter minimamente a disseminação do vírus. Por causa dessa doença, a humanidade se viu forçada a falar dos seus comportamentos sexuais de forma aberta e clara. Com maior ou menor eficiência na abordagem, o tema é discutido hoje em salas de aula, para se ter uma ideia da magnitude das mudanças. Mas este é apenas um aspecto. Com toda certeza, a epidemia de Aids alterou profundamente a maneira como vive o homem moderno.

O reconhecimento oficial da doença aconteceu em 5 de junho de 1981. O marco foi a publicação de um artigo redigido por especialistas do Centro de Controle de Doenças nos Estados Unidos da América, descrevendo o ocorrido a cinco rapazes, com idades entre 25 e 36 anos, todos homossexuais. Os pacientes apresentavam, em geral, um conjunto de sintomas de enfermidades que, segundo a medicina, surgiam apenas secundariamente a outras doenças graves. Um desses sinais era um tumor de pele, o Sarcoma de Kaposi, que aparecia combinado a um tipo de pneumonia nos pacientes que pareciam estar em uma fase avançada da doença. À medida que os doentes eram tratados, os médicos tentavam caracterizar esse novo mal. Essa possibilidade era reforçada pelo fato de que os primeiros pacientes eram homossexuais masculinos.

Após um grande esforço à procura de algo que explicasse o conjunto de sintomas, os profissionais da saúde entenderam que a enfermidade destruía o sistema imunológico, aquele que defende o ser humano de agressores estranhos ao organismo, impedindo o corpo dos acometidos de combater infecções simples. Além disso, a partir dos relatos dos pacientes, cogitou-se que a enfermidade poderia ter-se propagado por via sexual. Enquanto isso acontecia nos Estados Unidos da América, a doença se espalhava em outros países do mundo e começou a ser chamada pela imprensa de câncer *gay* ou até mesmo peste *gay*. Nesse mesmo período, no entanto, a enfermidade revelou mais uma faceta da sua complexidade, com o aparecimento do primeiro caso verificado por transfusão sanguínea, uma constatação que mudou o entendimento da doença. Pensava-se, até então, que ela era apenas sexualmente transmissível. Assim, viu-se que era transmitida pelo sangue. Ou seja, as pessoas poderiam também contrair tal doença em relações sexuais onde o atrito entre as mucosas produzisse microssangramentos. E assim descobriu-se que também corriam risco de ter a tal síndrome as pessoas que se submetiam a cirurgias, recebiam derivados do sangue (como os hemofílicos) e fossem usuários de drogas injetáveis, por causa do compartilhamento de seringas.

Sob o impacto de tantas revelações, a sociedade se debatia para conhecer quais eram os agentes causadores do problema. Afinal, nunca a humanidade havia visto nada parecido. Milhões de dólares foram destinados a esse estudo. Muitas pessoas já haviam contraído a doença quando seu agente foi finalmente identificado em 1984, e tornou-se conhecido pela sigla HIV (*Human Imunodeficiency Virus*) ou, em português, Vírus da Imunodeficiência Ativa. Nesse ano, uma equipe do Instituto Pasteur, em Paris, informa ao mundo que conseguiu isolar o micro-organismo responsável pela epidemia. A equipe chefiada pelo cientista Luc Montagnier batiza o vírus de LAV. Praticamente ao mesmo tempo, o americano Robert Gallo, do Instituto Nacional de Saúde dos Estados Unidos da América (NIH), anuncia descoberta idêntica, mas chama o vírus de HLTV-III. Enfim, o mundo conhecia o responsável pela ameaça – era um micro-organismo mutante pertencente a uma família chamada de retrovírus, caracterizada por uma capacidade incrível de se modificar de acordo com o ambiente em que se encontrava. Como além do interesse coletivo existem a vaidade e milhões de dólares envolvidos, Montagnier e Gallo iniciaram uma disputa pela autoria da descoberta que atravessaria décadas.

Os anos seguintes foram – e ainda são – preenchidos pela luta para garantir os direitos humanos dos portadores da Aids. No princípio, a expansão do número de pessoas com a nova síndrome foi vista como um processo ligado a grupos de risco. Seus agentes disseminadores, aos olhos da multidão, seriam as minorias, os diferentes. Eram eles homossexuais, prostitutas, dependentes químicos e hemofílicos dos grandes centros urbanos. O contraponto dessa visão preconceituosa não tardou a aparecer. Evidentemente, depositar sobre essas pessoas a responsabilidade de estar disseminando uma doença tão grave e associada ainda às práticas sexuais dava a uma parcela da sociedade a falsa sensação de que de alguma forma estaria protegida da nova doença. Sem dúvida alguma, crença que o tempo mostrou ser uma terrível ilusão. E também mais uma dificuldade a ser enfrentada para ensinar as pessoas a se prevenirem.

A cada dia, a multiplicação do número de casos mostrava estarem errados aqueles que julgavam ser uma doença restrita aos grupos que faziam mais sexo. Ficou muito claro que a questão não era de quantidade, e sim os comportamentos de risco presentes em qualquer segmento da população.

Em meados da década de 1980, a sociedade sentia fortemente o impacto da falta de informação e do medo trazidos pela Aids. Houve até relatos nos jornais da época sobre vizinhos que telefonavam à polícia para saber se não estariam sob risco de pegar "essa doença nova" por morarem ao lado de homossexuais. Em resposta, a sociedade se organizava rapidamente para enfrentar um dos mais temíveis efeitos colaterais dessa doença, manifesto no corpo social – a epidemia de medo e conservadorismo. Uma das expressões disso foi o relato em detalhes pela prima de um paciente soropositivo e hemofílico. Indignada, ela não conseguia se conformar com o fato de os parentes não permitirem, no atestado de óbito, a menção de que a causa da morte tinha sido a Aids. Para romper esse ciclo, um passo importante foi o Boletim Epidemiológico do Ministério da Saúde ter revelado, ainda em 1984, que a hemofilia se constituía na principal categoria de exposição ao vírus por via sanguínea, uma situação que perdurou até 1986, quando as bolsas de sangue passaram a ser testadas. Até então, muitos hemofílicos foram infectados por receber transfusão de bolsas de hemoderivados infectados pelo vírus da Aids.

De fato, foi uma fase de impressionante organização da sociedade civil em defesa dos direitos humanos. Como nunca se tinha visto antes, as entidades do terceiro setor, as ONGs, se estruturavam para melhorar as condições de tratamento da doença e combater o preconceito. Surgiram iniciativas como o Gapa (Grupo de Apoio e Prevenção da AIDS) e o GIV (Grupo de Incentivo à Vida), em São Paulo, o Triângulo Rosa e o Atobá, ambos no Rio. Mas não era apenas nesse campo que o País estava em ebulição. Nas principais capitais, em 1982, por exemplo, milhões de pessoas iam aos comícios pela convocação de eleições diretas. Tudo isso influenciava os ativistas e criava uma atmosfera de progresso na garantia de conquistas sociais.

Fazendo eco a essa mobilização, o Brasil deu os primeiros passos que o colocariam na liderança do enfrentamento da doença, com a criação de um programa pioneiro para atendimento da população atingida pela Aids, na Secretaria de Saúde do Estado de São Paulo. No ano seguinte, em 1985, é publicada em maio uma portaria estabelecendo as diretrizes para o "Programa de Controle da Síndrome de Imunodeficiência Adquirida, Sida ou Aids", hoje um modelo para o mundo inteiro. Enquanto isso, a doença avançava.

Os médicos descobriram que podia haver contágio durante a gravidez e o parto – a transmissão vertical. A proporção era de uma mulher infectada para cada 25 homens. No País, já são 573 casos de Aids, até então.

Cada avanço, em direitos sociais ou descobertas científicas, passa a representar uma nova esperança de vida, a exemplo do surgimento do teste laboratorial para detecção do vírus HIV no sangue, em 1985, nos Estados Unidos da América. Pouco depois, lá teve início uma campanha estimulando o uso da camisinha. Veio a notícia de que existia ainda o HIV-2, que também transmitia a infecção. Dois anos depois, em 1987, surgiu um clarão no final do túnel: fora aprovado, finalmente, o primeiro medicamento antirretroviral para tratar a síndrome, o AZT (zidovudina). Começou então mais uma etapa da luta contra a Aids – a briga pela redução nos custos dos medicamentos. Nos anos seguintes, surgiram muitas outras medicações para combater a doença em suas várias etapas.

No fim da primeira década de Aids, a Organização Mundial da Saúde anunciou que 10 milhões de pessoas estavam infectadas pelo HIV no mundo. Hoje, estima-se que existam cerca de 33,4 milhões de pessoas vivendo com Aids no planeta, sendo que 620 mil pessoas delas estão no Brasil. Nas bancadas dos cientistas, acirra-se a luta para conter o vírus e seus subtipos. Começam então, nesse período, os estudos com diversas drogas combinadas que darão origem ao coquetel antiaids, responsável pela transformação do mal em doença crônica. O sinal de que essa era uma diretriz promissora veio no ano seguinte, em 1992, com a aprovação dada pelo FDA, a agência reguladora de medicamentos americana, a uma combinação entre o conhecido AZT com outra droga, o ddC, para tratar infecções avançadas de Aids. Três anos depois, as pesquisas revelam que o AZT tinha efeitos positivos na prevenção da transmissão do HIV de mãe para filho. Quatro anos depois, em 1996, os pesquisadores David Ho e Martin Markowitz avisam o mundo sobre os resultados positivos do uso do coquetel de medicamentos. Sim, a soma de vários antirretrovirais era capaz de conter a multiplicação do vírus no corpo. Isso equivalia a uma garantia de vida aos portadores da doença.

Novas classes de remédios são lançadas, tentando atacar o vírus por caminhos nunca antes explorados. No entanto, são drogas caras. As pesquisas mostram que esse coquetel custa, em média, US$ 10 mil a US$ 15 mil por ano, o que continua dificultando o acesso universal ao tratamento. É na África que a falta de acesso ao tratamento mais moderno mostra com mais crueldade sua dimensão catastrófica. Até 2000, 17 milhões morreram de Aids no continente, sendo que 3,7 milhões eram crianças.

A Aids chega às vésperas do seu 30º aniversário em 2011, ainda incurável, mas controlada pelos remédios. Mesmo assim, rouba vidas. E muitas. Até agora, muitas vidas foram roubadas pela doença. E ainda que tenha reduzido sua velocidade de disseminação, ela continua se espalhando e faz novas vítimas a cada ano, principalmente entre os mais pobres. Um espelho dessa situação é o que acontece na África. Lá, a situação persiste como a mais catastrófica jamais vista. Dados de 2007 da Unicef, agência da Organização das Nações Unidas para a infância, indicam que 50% dos bebês africanos têm Aids e morrem antes de completar dois anos.

Muitos desafios precisam ser superados. Por um lado, houve uma queda de 10% na rapidez com que a Aids vem se disseminando (dados comparativos da Unicef entre o número de casos verificados entre 2001 e 2007). Por outro, a infecção se propaga mais entre as populações de baixa renda. Além disso, desde 2004 tem ocorrido um fenômeno chamado de feminização da Aids, por causa da progressão de casos entre mulheres heterossexuais, em geral casadas ou com parceiro fixo – o que elevou o número de crianças infectadas ainda na gestação – e pessoas da terceira idade.

Em face de tudo isso, a proporção entre homens e mulheres com Aids caminha para uma indesejável igualdade, neste caso. Se nos primeiros anos da doença eram quatro homens com o vírus HIV para cada mulher, hoje essa diferença praticamente inexiste. Conforme dados do programa estadual de DST/Aids, em 1995, a proporção era de 2,5 homens contaminados para cada mulher; em 2006, a equivalência passou de 1,8 homens a cada mulher. E há lugares no País em que o número de homens e mulheres infectados é igual. Esse fato derrubou mais um preconceito, ou mito, se assim preferirem, relacionado à epidemia – o de que as mulheres são mais resistentes ao vírus.

A doença também voltou a crescer entre os jovens, segundo um relatório divulgado no segundo semestre de 2008, do Programa das Nações Unidas. Ela se vulgariza especialmente entre as meninas e garotos homossexuais. Por quê? Em parte, porque as novas gerações, que não vivenciaram o medo da morte que a doença causava no seu início, voltaram a se descuidar. Se hoje a doença é vista como uma enfermidade crônica, esses jovens também ignoram os efeitos colaterais desses medicamentos, que precisarão ser usados por toda a vida. Mais um fator que expande a doença entre os jovens é o aumento no consumo de substâncias ilícitas, como o *ecstasy* e outras drogas, hoje muito mais variadas e disponíveis, e o consumo do álcool, que dá fim às inibições. Por fim, existe ainda a possibilidade de se tomar antirretrovirais no dia seguinte à relação suspeita. Estudos indicam que eles podem suster uma possível infecção, mas isso não é uma garantia e há riscos iminentes de a pessoa se contaminar. Outro grupo em que há tendência de aumento são os homens acima dos 50 anos. Entre janeiro e novembro de 2008, as autoridades de saúde constataram que os casos de Aids em maiores de 50 anos representam 12% do total entre adultos, enquanto em 2001 representavam apenas 7%. O grande desafio em relação a essa faixa etária é conscientizar essas pessoas quanto à importância do uso do preservativo. Muitos deles ingerem remédios para disfunção erétil e têm uma vida sexual bastante ativa, mas interpõem barreiras para adesão ao preservativo.

Enfim, o vírus não descansa e avança sobre qualquer trégua na proteção. É preciso que isso esteja bem claro. A boa notícia é que novas perspectivas foram anunciadas recentemente. No último trimestre de 2009, veio a primeira notícia alvissareira desde que começaram os testes com vacinas. Finalmente, uma vacina impediu a infecção pelo HIV em humanos. Na verdade, foi a combinação de dois imunizantes: Aidsvax e Alvac – que já haviam fracassado quando testados isoladamente em estudos anteriores – reduziu em 31,2 % o risco de contaminação. O fármaco foi testado em mais de 16 mil participantes. Apesar de baixa, sua taxa de proteção foi uma vitória sem precedentes, e inaugurou um rumo inédito nas pesquisas para se chegar a uma vacina. Até hoje, nenhuma substância tinha surtido efeito em humanos. A partir desses resultados, os pesquisadores voltaram-se para o estudo dos mecanismos que tiveram ação após a combinação das duas substâncias para melhorar a proteção oferecida. A expectativa é de que os resultados dessas investigações permitam chegar a uma vacina eficiente e disponível para a população em um período de cinco a dez anos. É tempo suficiente para que a humanidade entenda que até mesmo a vacina não irá eliminar a necessidade de se proteger de comportamentos de risco e praticar sexo seguro.

Capítulo III

O PAPEL DO INSTITUTO EMÍLIO RIBAS

A criação do primeiro ambulatório para atendimento do idoso portador do HIV dentro do Instituto de Infectologia Emílio Ribas foi resultado de uma longa história de pioneirismo e inovação. Inaugurado em 8 de janeiro de 1880, o hospital nasceu com a vocação de ser um centro de referência para doenças infectocontagiosas. Historicamente, está relacionado ao atendimento em casos de epidemias. No começo, eram socorridas apenas as vítimas da varíola. Mas em 1894 o hospital teve de ser ampliado para prestar atendimento aos pacientes das epidemias que atingiam São Paulo, como a febre amarela, o tifo e a difteria. Em 1932, o local recebeu o nome de Hospital Isolamento Emílio Ribas. Uma de suas principais contribuições para a saúde pública do País se deu entre 1971 e 1975, quando houve uma epidemia de meningite meningocócica.

Com a Aids não foi diferente. Até porque, quando surgiram os primeiros casos, ninguém sabia ao certo do que se tratava. Mas como assumia ares de epidemia — mais e mais casos brotavam sem trégua —, o Emílio Ribas acabou se tornando um dos primeiros hospitais do País a entrar na luta contra a doença.

O surgimento dos primeiros casos data de 1981. No dia 5 de junho daquele ano, médicos do Centro de Controle de Doenças e Prevenção, o CDC, órgão do governo dos Estados Unidos da América, publicaram um relatório no qual descreviam episódios de uma estranha doença. O documento falava da condição de alguns pacientes entre a comunidade homossexual masculina, atingindo pessoas com idade entre 29 e 36 anos. Eles manifestavam uma sequência de infecções resultantes de um sistema de defesa do corpo praticamente destruído.

O nome Aids — sigla inglesa para Síndrome da Imuno-deficiência Adquirida — apareceu um ano depois, quando se multiplicavam pelo mundo casos entre homens *gays*. Em 1983, o pesquisador francês Luc Montagnier conseguiu finalmente isolar um vírus, no ano seguinte, identificado pelo americano Robert Gallo.

No Brasil, o primeiro caso foi registrado em 1980, mas só em 1982 foi classificado como Aids. Era um homossexual masculino, de São Paulo. Outro caso foi relatado, também na capital paulista. Por aqui, um dos primeiros casos da doença entre pessoas famosas veio à tona em 1983, com a morte do ex-estilista Marcos Vinicius Resende, conhecido como Markito. Em fevereiro de 1983, ele foi atendido por um médico clínico geral na cidade de Uberaba, em Minas Gerais. No dia 4 de junho daquele mesmo ano, morreu vítima do HIV.

Naquele momento, os Estados Unidos da América já registravam mais de mil casos da doença. E por aqui o Emílio Ribas já havia se constituído na primeira opção de atendimento, mas ainda não se sabia ao certo, corretamente, o que fazer para combater a doença. O tratamento era apenas para os sintomas, para dar conforto aos pacientes.

Com o crescimento do número de infectados, o hospital foi obrigado a criar uma ala de atendimento adicional, fora do prédio. Muitas vezes, havia mais de 50 pessoas esperando para ser atendidas no pronto-socorro. Tudo acabava ficando com o Emílio Ribas, uma vez que os convênios particulares não pagavam a conta em seus hospitais. O resultado é que todos os pacientes eram encaminhados para o instituto, único local que podia abrigá-los.

No princípio da epidemia, quando ainda não se conhecia em profundidade o que provocava a doença, os médicos trabalhavam praticamente no escuro. Além de não contar com remédios que atingissem diretamente o vírus – como as drogas hoje disponíveis –, o profissional também não dispunha de testes para medir a evolução da doença. Atualmente, há exames que dão a quantidade de vírus no sangue e o total de células CD-4 e CD-8, pertencentes ao sistema imunológico. Esta contagem é fundamental para saber se o HIV continua com seu poder de destruição intacto ou se já não consegue enfraquecer tanto as defesas do organismo. Antes disso, portanto, os médicos enfrentaram uma sensação de impotência muito grande.

Por força da demanda e da capacidade de seus profissionais, o Emílio Ribas acabou se tornando referência no atendimento à Aids. Felizmente, esse modelo se expandiu e hoje o País todo conta com serviços especializados no atendimento. Falta, porém, aumentar a criação de ambulatórios específicos para os idosos, a exemplo do que existe em São Paulo. Esta é uma exigência a ser observada rigorosamente por se tratar de uma população muito diferente das demais até então atendidas.

No ambulatório, a média fica em torno de 960 pacientes por ano. Eles voltam para as consultas a cada dois meses e essas consultas duram em torno de 30 minutos, tempo em que ocorre a anamnese (questionário sobre queixas, uso de medicação e exame clínico). Há também questionamentos para verificar como os pacientes se sentem emocionalmente. O trabalho realizado no ambulatório é essencial para explicar o que eles precisam fazer, de que forma tomar o remédio.

Frise-se que o idoso sempre merece atenção diferenciada na sociedade, ele é um cidadão que já contribuiu com a comunidade em que vive com seu trabalho, já tem um bom tempo dedicado à formação dos filhos e à família, aos amigos, portanto, é hora de se tornar, ele próprio, agora o alvo de cuidados e até mimos especiais. No caso da Aids, essa atenção deve ser redobrada, porque os idosos já não têm a memória em prontidão, como ocorre com jovens e adultos, muitas vezes são pessoas com dificuldade de se lembrar dos fatos da vida, de detalhes, outros há que nem mesmo sabem ler ou leem muito mal. Saber falar com eles e orientá-los de maneira eficiente e apropriada é extremamente relevante para o tratamento dessa população.

Quando é necessário, depois da consulta inaugural, pacientes são encaminhados para especialistas. No Emílio Ribas, eles contam com endocrinologistas, cardiologistas e psicólogos que também atendem a pacientes de outras faixas etárias, mas destinam principal atenção aos idosos. Além de assistentes sociais que garantem **suporte** e encaminhamento dessas pessoas para casas de apoio (instituições não-governamentais que as abrigam, oferecendo-lhes moradia e alimentação).

Capítulo IV

COMO IDENTIFICAR OS CENÁRIOS DE RISCO

Televisão, revistas, jornais, novelas, debates, seminários... Toda a sociedade e a mídia se ocupam em falar sobre o sexo na juventude, mas impressiona a forma como o assunto é tratado quando se fala da sexualidade entre os idosos. Ou ela não existe ou é crivada de preconceito. Piadas de mau gosto, brincadeiras, gozações dão o tom do atraso da sociedade em relação ao tema. É preciso que as pessoas abram a cabeça e compreendam tudo o que acontece com homens e mulheres do ponto de vista sexual, a partir dos 60 anos.

Só a informação poderá convencer as pessoas, de uma vez por todas, de que o sexo continua ocorrendo entre os mais velhos – sem que isso precise ser uma surpresa ou motivo de piada. E que, como todos os demais brasileiros, eles estão expostos a um ambiente altamente sexual, como é o nacional. Este capítulo **aborda** todos os cenários e circunstâncias de risco que se apresentam para essa população, muitas vezes sem aparentar nenhuma ameaça.

PONTOS PERIGOSOS

O sexo na terceira idade acontece como em todas as outras faixas etárias. Começa pela troca de olhar, pelo desejo, pelo envolvimento e, finalmente, termina na relação sexual, quando se trata de atração mesmo. Quando o cenário é o doméstico, também obedece a realidades iguais a de tantos outros casais mais jovens: com desejo verdadeiro, por obrigação ou por um misto das duas circunstâncias.

É claro que há locais mais propícios aos encontros de indivíduos mais velhos, como os tradicionais bailes da terceira idade. Nesses eventos, é como se os participantes resgatassem uma parte boa da vida que havia sido esquecida por causa das obrigações e atribulações de até então. Quando vão a um baile, mulheres e homens idosos chegam cheios de disposição para reviver sentimentos muitas vezes adormecidos. É o homem que quer de novo se sentir poderoso, a ponto de conquistar a mais bela da festa, a senhorinha que quer novamente sentir-se atraente, amada. Por isso, nessas ocasiões, muitos relacionamentos brotam, grande parte das vezes terminando da mesma forma comum aos pares mais jovens, isto é, na cama.

Em princípio, pode parecer estranho aos olhos dos mais desinformados, mas as saunas também são locais onde os mais velhos encontram as oportunidades para fazer sexo. Nesse caso, homens homossexuais ou bissexuais vão até esses estabelecimentos para encontrar um parceiro.

E há os centros de convivência específicos para essa faixa etária – que lotam de idosos à procura de novas experiências –, as viagens em grupo e as saídas culturais para a terceira idade, hoje uma realidade em boa parte das cidades do País.

Todos esses ambientes proporcionam aos mais velhos a chance de fazer sexo. E, acreditem ou não, a maioria a agarra.

O FATOR VIAGRA

O lançamento do Viagra, em 1998, foi um marco na história da sexualidade humana. A famosa pílula azul, fabricada pelo Laboratório Pfizer, foi o primeiro medicamento a ser indicado para tratamento da disfunção erétil, chamada vulgarmente de impotência. Até o advento do Viagra, o assunto era parte daquela lista de tabus referentes ao sexo, sobre os quais há um silêncio tão profundo quanto inquietante. Depois do Viagra, não só a disfunção erétil virou tema mais comum de conversa entre amigos, médicos e parceiros, como o próprio sexo ganhou ares mais leves e menos amedrontadores. Foi como se a grande repercussão do lançamento do remédio abrisse uma comporta que há muito precisava ser aberta. É claro que ainda há muito que evoluir em matéria de discussão e tratamento de problemas de ereção e de sexo como um todo, mas o Viagra jogou a primeira lenha nessa fogueira.

Hoje, onze anos depois, uma das indagações que se fazem a respeito dos efeitos do Viagra é se ele não teria relação com o crescente número de casos de Aids entre homens mais velhos. Ele e outros dois medicamentos lançados tempos depois com a mesma indicação – o Cialis, do Laboratório Eli Lilly, e o Levitra, da Bayer/Glaxo. O raciocínio que embasa a questão é simples. Com o poder de ereção revigorado com o auxílio dos remédios, os homens não estariam fazendo mais sexo, sentindo-se mais seguros inclusive para se relacionar sexualmente com amantes ou até mesmo outros homens?

A resposta a esta pergunta é sim. Essas medicações de fato estimulam esses homens a se relacionarem. Imagine o que significa para um senhor de 60, 65 anos, ter de volta a potência que havia perdido. É a segurança que faltava para encarar aquele relacionamento extraconjugal que tanto queria, mas evitava porque sentia medo de não ter ereção, por exemplo.

A indagação médica mostra que poucos homens usam tais medicações em casa, com suas esposas, mas muitos as usam nas relações que mantêm fora do lar. Foi o caso de um paciente que comprava logo dois comprimidos de Viagra. Saía de casa, tomava o remédio e tinha um relacionamento com a amante. Outro comprimido ele guardava no bolso. Chegava em casa, ainda com desejo, e ouvia a mulher perguntar de onde vinha tanta libido. E ele, com a maior desfaçatez, dizia que era pura atração por ela. "Imagine que estou tomando Viagra, querida", brincava ele. "Veja, o comprimido está aqui no bolso, inclusive. O que tenho é paixão por você", dizia, quando na verdade, só queria aproveitar ainda o resto do efeito do Viagra que havia tomado horas antes!

Garantir nova vitalidade à vida sexual das pessoas não tem, absolutamente, nada de errado. O grande problema é que boa parte dos homens que usa as medicações para tratar a impotência pratica o sexo sem preservativo. E é aí que o Viagra e seus companheiros se interligam à Aids. Por enquanto, ainda não se sabe o impacto real que esses remédios estão impondo sobre a epidemia, particularmente entre os mais velhos. Mas, dentro de alguns anos, talvez seja possível saber o tamanho de sua contribuição para surgimento de casos novos. Isso porque as pessoas que hoje estão se relacionando mais graças a essas drogas ainda não aparecem nas estatísticas de novos casos da doença. Mas, certamente lá para frente, haverá um salto nos números impulsionado pela utilização dos medicamentos.

CAMISINHA? O QUE É ISSO, DOUTOR?

Pergunte a qualquer adolescente brasileiro que vive em cidade de porte médio ou pequeno o que é camisinha e como deve ser colocada, e ele com certeza saberá responder. Faça a mesma indagação a uma pessoa com mais de 65 anos. Não se espante se ouvir, em resposta, um sonoro "não sei", ou "não entendo direito o que é", "nunca vi". Alguns até mesmo podem dizer que hoje é tudo tão diferente do tempo deles...

É compreensível que seja assim. Homens e mulheres nesta faixa etária não começaram a vida sexual usando camisinha, em geral, recorriam ao método do coito interrompido, isto é, a ejaculação fora da vagina, e ao preservativo com espessura ampla de látex, fator que alterava a qualidade das relações. E como estava longe deles a preocupação com as doenças sexualmente transmissíveis, hepatite B e condiloma, garantiam-se com o uso da pílula anticoncepcional, deixando de lado os demais métodos referidos.

Por isso, não é de espantar quando no Hospital Emílio Ribas ou no consultório surgem perguntas dos idosos sobre como colocar a camisinha. É verdade. Muitos homens nesta faixa etária não sabem sequer colocar corretamente um preservativo, sem o risco de que estoure, por exemplo. Já houve casos de pacientes relatarem o uso de dois preservativos, como forma de ter maior garantia de proteção. Questionados, esses homens confessaram que, uma vez orientados para o uso da camisinha, decidiram usar logo duas, na crença de um reforço extra contra os riscos.

Além disso, há o entendimento equivocado de que a camisinha prejudique a potência. Embora essa ideia seja uma tremenda bobagem, permeia o inconsciente de muitos homens mais jovens, o que dirá dos mais velhos, em geral já às voltas com dificuldades de ereção. Para estes, explicar que uma coisa nada tem a ver com outra, às vezes, é uma tarefa perdida.

OS LOBOS SOLITÁRIOS

As circunstâncias que mais propiciam risco ao homem mais velho são possíveis de fácil indicação. A primeira é comum a ambos os sexos: os bailes e os eventos relacionados à terceira idade. Mas há um outro cenário, muito distante desses encontros de vovós e vovôs: aquele formado por hotéis, motéis e restaurantes, nos quais os homens mais velhos vão procurar mulheres mais jovens. Isso ocorre com muita frequência. É como se ao se relacionar com garotas 30, 40 anos mais jovens, eles quisessem provar a si mesmos que ainda são capazes de atrai-las e de manter uma boa relação sexual. Se esse homem tem dinheiro, é ainda mais fácil encontrar alguém para realizar seu desejo.

Há outra categoria de risco, protagonizada pelo homem bissexual. Ele é casado, tem filhos, netos. Porém, se relaciona com homossexuais. Pode ser desde garotos de programa até travestis, desses que ficam na rua à espera de clientes. São pacientes facilmente identificáveis: perguntados sobre como teria sido sua contaminação, eles dizem que saíram com "uma pessoa". Não especificam se foi homem ou mulher. Mas é difícil de obter a confirmação de que houve relação homossexual. São exceções os casos nos quais os pacientes revelam-se bissexuais ou homossexuais logo nas primeiras consultas. E, em muitos casos, quando ocorre essa confirmação, a relação com o médico fica diferente, estremecida. É como se eles perdessem a honra e passassem a ter vergonha de se encontrar novamente com o profissional, por isso não se deve insistir para que toquem no assunto. É preferível, neste momento, que continuem o tratamento. Há pacientes de cinco, sete anos de tratamento que não fazem a revelação.

Entretanto, B., paciente de 70 e poucos anos, casado, confessou ser um frequentador de sauna. Perguntado se não tinha receio de ser reconhecido, encontrar-se com algum amigo, ou coisa do gênero, foi firme na resposta. "Ah! Naquele lugar todos têm segredos", comentou, mas depois que virou soropositivo, assegurou que diminuiu as idas à sauna e que usa camisinha. Será que usa mesmo...?

OS DESEJOS FEMININOS

A queda de hormônios, especialmente a de estrógeno, observada a partir dos anos que antecedem a menopausa (última menstruação), acarreta um terremoto na vida sexual feminina. O desejo desaba e há ainda a redução da lubrificação vaginal, que traz às relações dor e desconforto. E é claro que, sem libido e com dor, fica difícil continuar exercendo a sexualidade de maneira feliz. E este período muitas vezes coincide com crises profundas no casamento. Fazer sexo com aquele marido de anos a fio que sempre a tratou mal, que não esconde mais a grossura, vira algo extremamente difícil. Então, ela simplesmente não quer mais e sublima o sexo. Substitui pelo cuidado com a casa, os filhos e os netos.

Mas há outro gênero de mulher para quem o sexo continua parte importante da vida. Em geral, são as que trabalham ou trabalharam fora de casa. Elas, normalmente, mantêm atividade física e bons relacionamentos sociais. Tudo isso resulta em bem-estar, vida com mais qualidade. Esta mulher quer se sentir atraída e atraente. Então, o que acontece? Ela vai à academia de ginástica, encontra um garotão de

30, 25 anos, e engata um caso. Sente-se revigorada. Ou vai a um baile da terceira idade, onde também pode cruzar com um novo parceiro.

Entretanto, apenas uma parcela muito pequena de mulheres está desejosa exclusivamente de sexo. A maioria quer alguém com quem ficar, desfrutar a vida e, em consequência disso tudo, fazer sexo. No fundo, elas querem ser amadas, em especial aquelas que durante toda a vida conviveram com homens que não amavam. D. ficou viúva e uma semana depois da morte do marido apareceu esfuziante, toda vestida de vermelho, no consultório. Questionada sobre qual teria sido a grande novidade, simplesmente respondeu, feliz da vida: "Doutor, ele morreu!" Ela estava festejando. Essa mulher hoje tem dois namorados jovens. Agora parece que já escolheu um deles. Ela tem 60 e poucos anos.

O grande problema é que, ao encontrarem o primeiro que acreditam ser o sonhado príncipe encantado que finalmente lhes trará a felicidade tão buscada, ficam cegas a todas as possibilidades de risco. E infelizmente há muitos riscos no seu caminho. Existem diversos aproveitadores esperando por essas mulheres. Os bailes da terceira idade estão cheios de garotos de programa de olho nas fragilidades dessa população feminina. Primeiro, cobrem as senhoras de elogios. Há quanto tempo não ouvem um galanteio? Depois, elas ficam reféns emocionais desses rapazes. Pagam tudo, compram roupas, carros – num caso especial, a mulher deu sua casa a um desses garotos! Nesse interlúdio romântico, é claro que nem se preocupam em usar camisinha. Na verdade, mal sabem o que é!

As ameaças também vêm de homens em princípio acima de qualquer suspeita. Mas, como a maioria das mulheres não tem coragem de pedir a seus parceiros que usem o preservativo, elas entram de olhos fechados em um jogo que pode terminar muito mal. Muitas pensam que, se tocarem nesse assunto, perderão o namorado. Ou que se levarem o preservativo na bolsa mostrarão interesse **em** sexo – e talvez não seja bom demonstrar isso. Pior ainda, o homem que demorou tanto para surgir em sua vida pode pensar que ela está desconfiando dele ou que ela não seja uma mulher de respeito... Então, ela esquece de vez a ideia da camisinha.

Uma dessas pacientes, após semanas do primeiro encontro em um baile da terceira idade, saiu com seu companheiro para uma tarde romântica. Os dois foram a um parque, comeram pipocas e se abraçaram. A certa altura do encontro, quando as carícias se tornaram "mais quentes", decidiram ir para um hotelzinho próximo, onde ficariam mais à vontade. Lá chegando, percebeu-se que não dispunham de preservativo à mão. Mesmo um tanto constrangida, ela questionou o companheiro sobre o uso da camisinha, mas o homem foi logo se dizendo pessoa de saúde perfeita, que não tinha nenhuma doença e, ato contínuo, lançou então a suspeita sobre a parceira. "Acho que é você quem deseja me contar alguma coisa, estou enganado?" Imediatamente, ela se sentiu ofendida, já não sabia se devia ir adiante no relacionamento, mas não se manifestou, não fez valer sua ideia da necessidade de se preservarem ambos. E aceitou ter uma relação sem preservativo, sem proteção. Em compensação, a dúvida a respeito de uma possível contaminação ficou no ar, só tendo se dissipado quando o casal fez os testes necessários e os resultados foram negativos.

Esta situação de estresse e angústia não precisaria ter existido se os parceiros tivessem consciência de que a prevenção é o melhor caminho para preservar a saúde, se proteger de doenças e, em última análise, até mesmo para colaborar na manutenção de um bom relacionamento.

O MITO DA INVULNERABILIDADE

Estranhamente, a maioria dos idosos continua achando que Aids é doença de jovem. Algo como catapora ou sarampo serem somente enfermidades de crianças. Os mais velhos se sentem imunes ao HIV. Mas, o que seria essa proteção? O fator I, de idade? A paciente F. estava sendo traída pelo marido e revelou que sabia do fato. "Doutor, imaginei que ele pudesse me trazer tudo: sífilis, hepatite, mas nunca me passou pela cabeça que ele pudesse me trazer Aids", foi seu desabafo — é o retrato da falta de informação para este público. Eles até pensam que podem ser vítimas de alguma doença infectocontagiosa. Mas de Aids, ah, esta não!

Capítulo V

O IMPACTO DA DOENÇA PARA AS MULHERES

Adoecer significa mexer com as emoções do indivíduo. Imagine-se, então, ser contaminado pelo vírus HIV, diante de tudo aquilo que se sabe sobre a doença, acrescido do que se desconhece, porém, se fantasia ou se cogita: a Aids é uma das doenças que mais atingem as emoções do paciente. E quando esse paciente é uma mulher com 30, 40 anos de casada, que descobre de repente que seu companheiro da vida toda lhe transmitiu ou estava prestes a transmitir a ela uma doença fatal? Não é nada fácil. Junte-se a essa realidade difícil de enfrentar os presumidos questionamentos que essa mulher pode vir a fazer. Como foi que isso aconteceu? Eu mereço uma coisa dessas? Por onde meu marido andou? Como ele teve a coragem de fazer isso comigo? O que eu vou fazer da minha vida agora?

Acrescente-se à dureza natural da situação uma onda de sentimentos contraditórios como amor, ódio, desprezo, compaixão, indignação, raiva, tristeza, infelicidade, agonia, além do espanto que a constatação da doença causa. Médicos que fazem da sua vida profissional uma cruzada contra o vírus HIV têm experiências múltiplas de situações desse tipo e, com toda certeza, conhecem a magnitude do impacto do HIV sobre o universo das mulheres com idade acima de 60 anos. As dificuldades começam no momento de informá-las a respeito da infecção do marido – e do risco de terem sido infectadas também.

Na prática médica, os homens são sempre estimulados a contar para suas esposas. Eles têm esse direito e também esse dever. Mas muitos relutam e recorrem ao médico para que seja o profissional a falar com a esposa, seja ele a dar a notícia.

O autor deste livro pode relatar centenas de casos exemplares sobre os desdobramentos da presença da infecção da vida de uma mulher da terceira idade. Uma delas começou tarde da noite, quando tocou o telefone na casa do médico. Do outro lado da linha, a enfermeira informava a chegada ao hospital da esposa do paciente C, que desejava obter informações sobre a saúde do marido, internado em São Paulo durante uma viagem de negócios. O casal morava no interior na companhia de dois filhos já adultos. A voz da mulher soou trêmula ao perguntar: "Doutor, o que tem meu marido?".

Informada sobre a investigação médica em torno de uma febre instalada havia cerca de uma semana e sem causa aparente, foi-lhe dito sobre a necessidade de alguns exames para elucidar o diagnóstico. Na manhã seguinte, a figura feminina que se encontrava no consultório era franzina, com olheiras e rugas profundas na face, os cabelos grisalhos na fronte. Sobretudo, aparentava ser uma mulher sofrida. Mas, ao avistar o médico, um sorriso largo se desenhou em seu rosto.

Apertou a mão do especialista com aflição e, olhando fixamente nos olhos do profissional, perguntou: "Doutor, ele vai ficar bom, não vai?" Naquele momento, era difícil responder de imediato, até porque pouco antes daquele encontro, o médico recebera o resultado da sorologia para o HIV do marido dela, com resultado positivo. O caso era grave, uma pneumonia extensa, apesar de não ser necessário mantê-lo em UTI, pois respirava mais confortavelmente acordado, somente com a ajuda de um pequeno cateter de oxigênio.

Era preciso informar o paciente sobre seu diagnóstico, mas o médico temia sua reação. Tornava-se imperioso que soubesse a realidade para poder iniciar os tratamentos específicos, dos quais tinha de ter ciência. Mais: a esposa dele tinha de saber a verdade para que fosse, também ela, submetida a exames de avaliação. O paciente perguntou se tinha câncer e recebeu resposta negativa. Nesse momento, entre o médico e ele estabeleceu-se uma comunicação que dispensou as palavras. "Faltam mais exames?", perguntou o doente, passando a nítida impressão de que a sorologia para o HIV já fosse esperada, mas era preciso dar-lhe tempo para assimilar a ideia. O assunto só foi retomado no dia seguinte, mas o paciente pressentiu a verdade. "O teste está positivo, não está?", foi logo dizendo. E revelou ter tido várias relações sexuais sem uso de preservativo e que temia pela saúde da mulher, mas não tinha coragem de contar para ela.

Diante da explicação sobre a necessidade de abrir o jogo com a esposa, o doente pediu que fosse o médico a tomar essa providência. Assim foi feito, com largueza de detalhes e, a seguir, a senhora foi submetida a todos os exames necessários. Felizmente, não estava infectada, até porque havia muito tempo que o casal não mantinha relações sexuais. Entretanto, a mulher custou a aceitar que isso tivesse ocorrido ao marido, não concebia a possibilidade de ele ter Aids, acreditava que o exame estivesse errado. Foi um choque para ela! Então, o marido a traía, sem que jamais ela pudesse considerar uma ocorrência desse tipo em suas vidas! Deu-se a quebra da confiança, foi como despertar para uma situação inesperadamente difícil para ela. O que fazer com a história em comum? Como contar aos filhos sobre a doença do pai?

Nesse meio tempo, o paciente teve uma forte hemorragia e recebeu várias bolsas de sangue, foi submetido a uma cirurgia, mas não resistiu. A viúva pediu que no atestado de óbito não constasse o diagnóstico de Aids, sob o argumento de que viviam em cidade pequena e todos ficariam sabendo do que falecera o marido. Desejava, assegurou, preservar a imagem do companheiro. Eis um pedido que o profissional não pôde atender, por questão de ética. – Eu quis perdoá-lo, gostaria de ter tido tempo de dizer isso a ele –, lamentou a senhora.

A história acima mostra como é delicado o comunicado do diagnóstico. É fundamental preparar a mulher cuidadosamente, para só então contar-lhe a verdade, o que exige delicadeza. No caso de uma pneumonia mais resistente, por exemplo, o médico deve explicar a ela que a investigação das causas dessa pneumonia será feita a fundo, esclarecer que entre as causas dessa baixa imunidade de seu companheiro pode estar o HIV. O objetivo é levá-la a reconhecer, por si própria, que a infecção pelo vírus pode ser uma possibilidade. Nessas circunstâncias, abre-se uma brecha para que ela mesma questione seu parceiro. A resposta a essa informação está muito condicionada ao preparo feito previamente.

Em geral, a primeira reação dessas mulheres ao receberem o diagnóstico é negá-lo. Depois, vem o medo de terem sido contaminadas. Muitas delas resistem a fazer o teste, apesar de entenderem a necessidade do exame, e a questão que se impõe é a seguinte: como será sua vida e a de sua família, dos filhos, dos netos, como viverão em caso de adoecerem?

Quando o resultado é negativo, vem o alívio. No imaginário feminino, para muitas mulheres esta é a hora de fazer as contas. Ele me traiu, mas não me matou, além do mais, isso é dele, está sendo castigado pelo que fez, raciocinam elas. No final dessa contabilidade, não mais veem os maridos como parceiros, mas ao menos os consideram como companhias. Mulheres costumam contemporizar melhor certos fatos da vida e, nesse caso específico da Aids, tentam ser práticas avaliando que o homem é quem vai cuidar dos problemas da casa, ajudar com as sacolas do supermercado, manter a família. Entre generosas, amedrontadas diante da nova situação, rancorosas ou mesmo amorosas apesar das circunstâncias, elas consideram que, apesar de tudo, não estarão sozinhas, assim, "seguram" o casamento.

Estabelece-se um cenário variado no momento em que a Aids é declarada positiva e o vírus passa a ser uma realidade pulsante no seio da família. Nessas horas, para muitas mulheres que não trabalham fora, não têm profissão definida ou mesmo ganham pouco no mercado de trabalho, a questão da dependência financeira é primordial. Então, se perguntam o que será delas no caso de optarem por deixar o marido, como sobreviverão, ainda por cima doentes. Há reações aparentemente contraditórias. "Tenho vontade de matá-lo, mas não posso perdê-lo", reage a esposa. E mais relevante: a mulher infectada pelo marido tende a se sentir mais traída. Ela considera que o parceiro destruiu sua vida, não a respeitou nem levou em consideração a história dos dois. Algumas confessam o conhecimento dos parceiros extraconjugais, mas fingiam não saber de nada, o que vem a ser muito diferente de aceitar que o marido tenha trazido para ela doença de tamanha gravidade – isso as mulheres (na sua maioria) não costumam perdoar, sentem-se mortalmente magoadas.

Pelo que se pode observar e constatar na intimidade de um consultório médico, não se concede às mulheres – nem à infectada ou à soronegativa – o direito de sentirem raiva. Pelo contrário, por vezes elas são acusadas de não ter ofertado a seus maridos sexo de qualidade. Ou de terem simplesmente envelhecido e não terem mais as formas de trinta, quarenta anos antes – esta a razão de eles procurarem sexo fora de casa, com mulheres ou mesmo homens. E este pensamento, infelizmente, é muito comum. Ainda mais quando a mulher já passou pela menopausa. Nessa fase, por causa das variações hormonais sofridas no período, é comum a mulher ter menos desejo sexual e sentir mais dor no momento da relação sexual, porque a lubrificação vaginal diminui. Para complicar, há ainda o desgaste da relação entre marido e mulher, que vai acontecendo ao longo do casamento. São os problemas naturais entre os dois, a questão dos filhos, as dificuldades financeiras. O homem, mesmo diante de tudo isso, continua a se sentir viril e em grande parte dos casos não aceita as alterações físicas ou de humor sofridas pela mulher. A sociedade, aparentemente, é cúmplice desse marido, aceita passivamente que ele procure outras parceiras, e ele é até mesmo encorajado a fazer isso nas rodinhas de amigos.

Constata-se, pois, que mesmo diante de tantas mudanças comportamentais na sociedade, a mulher continua a ser menos compreendida que o homem até no seu envelhecer. Mas é essa mais uma expressão de uma sociedade ainda muito machista. A verdade é que homens e mulheres envelhecem, é inevitável, cada um com suas características, nem melhores nem piores umas que as outras, apenas diferentes. Por seu lado, a mulher se mostra, muitas vezes, tolerante com as "escapadas" do marido. Ainda que não aceite essa atitude, finge não saber das traições do cônjuge e, assim procedendo, pode enfrentar uma amargura solitária, sem dividir sua mágoa com ninguém, nem mesmo com familiares, filhos ou melhores amigas. Na realidade, persiste quase sempre a vontade de preservar a família. E proteger-se da solidão também é mais um motivo para fazer de conta que não sabe de nada. Eis um contexto problemático para as esposas sob vários pontos de vista, mas especialmente no que tange à saúde. Elas desconhecem os riscos reais que correm nessas circunstâncias, tornando-se mais suscetível a ter doenças como hepatite, condiloma e Aids.

AMOR ✕ CAMISINHA

Além dessas questões, a relação feminina com o preservativo é muito confusa. Se hoje as mais jovens ainda têm dificuldade de pedir a seus parceiros para usar camisinha, no caso das mulheres mais velhas o problema é bem pior. Muitas não sabem direito nem ao menos o que é uma camisinha! Imagine, então, pedir ao marido para que ele use o preservativo...

Fazer esse pedido ao companheiro com quem elas dividem a vida há 20, 30 anos, sendo esse parceiro muitas vezes o único que já conheceram intimamente, não é tão simples assim para elas. Algumas chegam a pensar que não têm nem mesmo esse direito. Mesmo entre mulheres com formação escolar superior, as ativas no mercado de trabalho, as conhecidas emancipadas, eis uma decisão extremamente complicada, elas não se sentem confortáveis. Além disso, a mulher apaixonada fica cega, surda e muda, seu coração fala mais alto que a cabeça.

Uma dessas pacientes mais idosas, entre os abraços trocados com seu parceiro, conta que tirou da bolsa uma camisinha e sugeriu colocá-la no companheiro. Ela disse que sua atitude o impressionou muito, a ponto de ele fazer certos questionamentos, imediatamente. "Você é prevenida assim com todos?", perguntou ele, e ela se sentiu como uma profissional do sexo ou algo do gênero, nunca como mulher consciente da necessidade da prevenção, informada, antenada. "Para outros homens não foi preciso que eu pedisse, eles se revelaram suficientemente cavalheiros para usar a camisinha sem terem sido solicitados", respondeu ela justamente indignada, e a conversa terminou ali. Porém, ainda há uma grande parcela de mulheres que acatam o desejo de seus parceiros e aceitam se relacionar sem a devida proteção do preservativo, e isso ocorre bastante comumente com esposas que têm ciência de que seus maridos têm relações sexuais fora de casa. "Doutor, de que forma vou pedir a ele que use camisinha a partir de agora, se nós nunca a usamos antes?", é a dúvida mais corriqueira. Essas mulheres, em geral, declaram-se incapacitadas para fazer tal pedido, elas acham muito difícil, complicado, embaraçoso mesmo e, dessa forma, aceitam o sexo desprotegido, exatamente porque não conseguem enfrentar essa situação.

Apesar da complexidade de sentimentos e da dor causada pela doença, o número de casos de separação entre os casais é muito pequeno. A maioria deles resolve continuar vivendo juntos em nome da união da família. As mulheres, principalmente, pensam nos filhos, netos, nas festas familiares. Como tudo isso ficará se ocorrer o divórcio? Os vínculos afetivos passam a ter um peso muito grande. É preciso entender que a maioria dessas mulheres foi criada para cuidar da família, daí resolvem continuar com essa tarefa.

Esta opção pode gerar conflitos com os filhos, pois as gerações mais novas apresentam outra mentalidade. L.M. foi contaminada pelo marido, ele se sentiu culpado, separou-se e foi embora, mas ela o aceitou de volta nada menos que nove vezes. Sua justificativa? Dizia sentir uma solidão grande demais, por isso o recebia, embora os filhos não mais quisessem conviver com o pai, até que eles a forçaram a, definitivamente, não mais abrigar o marido. E apesar de ser seu desejo contrário, acatou a determinação dos filhos e não mais o albergou em casa.

Casos de separação por causa do HIV são ainda raros, mas isso aconteceu justamente com uma mulher de perfil diferenciado daquele que define a dona de casa. Era uma diretora de escola que, ao saber do diagnóstico do marido, ficou furiosa. Gritou com ele dentro do hospital, armou um escândalo. Entre outras coisas, dizia que só ficaria com ele enquanto estivesse internado. Se o abandonasse no leito, sentir-se-ia culpada. Mas, mesmo durante a internação, era implacável. Se ele não queria se alimentar, ela não insistia. "Se quiser, a comida está do seu lado. É só comer", falava ela, sem insistir. Quando ele teve alta, ela não teve dúvidas, chamou a sogra, na época já bastante idosa, para cuidar do filho. Além disso, avisou toda a família sobre o que estava acontecendo. Ele foi simplesmente crucificado em praça pública. Como ela tinha mais dinheiro que ele, resolveu alojá-lo em um apartamento de sua propriedade, sem clemência, porém. Ligava para ele para cobrar dinheiro ou outras pro-vidências para os filhos e nunca viu no marido um coitado. Às vezes, no entanto, o convidava para um café da manhã, por exemplo. Até hoje, os dois se contatam, entretanto, cada um vive em sua própria casa. A novidade é que nos últimos meses ele começou um novo relacionamento e por isso eles pouco têm-se visto.

Capítulo VI

AS REAÇÕES DOS HOMENS

A Aids tem uma representação muito forte para os homens. Apesar dos esforços em fazer com que as pessoas entendam que a doença é democrática, ou seja, pode acometer qualquer indivíduo que faça sexo sem proteção ou seja usuário de drogas injetáveis (quando se trata de jovens, adultos ou idosos) — independentemente de ser homem ou mulher —, ainda paira na mente da maioria a ideia de que a Aids é uma enfermidade de homossexuais. Este modo de pensar tem sua raiz no início da epidemia, no começo da década de 80, porque os primeiros casos foram registrados entre a comunidade *gay* masculina de São Francisco, nos Estados Unidos da América. Foi entre esse público que o vírus se espalhou com velocidade espantosa e, como até então não havia nenhuma medicação contra ele — apenas o espanto da comunidade científica com seu poder de destruição —, a doença matava rapidamente. Por isso, logo ficou conhecida como a Peste *Gay*. Alguns anos se passaram até que a epidemia adquirisse o perfil que tem hoje — fazendo vítimas entre mulheres, crianças, adolescentes, homens e idosos, independentemente de preferência sexual ou idade.

No entanto, os ecos da marca inicial permanecem até hoje. Por isso, a primeira experiência por que passa um homem que recebe o diagnóstico é ver a sua sexualidade questionada. Como dizer à mulher, aos filhos, aos amigos, que está contaminado com aquela doença que, na cabeça de muita gente, é coisa de homossexual? É uma sucessão de medos e dúvidas difíceis de serem vencidos em um primeiro momento. Ele pode, sim, ser homossexual e nunca ter tido a coragem de assumir sua condição, pode ser bissexual ou gostar apenas de mulheres. Mas, isso, não importa. Na imaginação de grande parte das pessoas, a marca *gay* é a que permanece. Para um homem com seus 60, 65 anos, isso equivale a um terremoto emocional. A afirmação de masculinidade, de virilidade, é tão fundamental na sua vida quanto o ar que respira. Colocar isso em xeque é desmontar parte de uma estrutura psíquica montada ao longo de toda uma vida e sustentada por uma sociedade inteira. Muitas vezes a opção sexual, a maneira de contaminação, jamais é revelada, sendo preferido o segredo, mesmo em relação ao médico que o acompanha há tantos anos, o que dificulta estabelecer uma real estatística para este grupo etário. A verdade é que pacientes que se revelam bissexuais costumam se arrepender depois da confissão, e passam a entrar no consultório cabisbaixos, envergonhados, alguns deles jamais retornam, optando por trocar de médico, sob a alegação de conflito de horários.

Junte-se a este quadro a questão da transgressão, da ética moral. As perguntas se sucedem: como se contaminou, com quem, por que não se protegeu? Pior ainda, a esposa quer saber por que ele não se preocupou em protegê-la, não pensou nela antes de ter relacionamentos sexuais fora de casa. E agora, cogita ela, estou contaminada?

Encarar a família e se defrontar com os olhares de cobrança e condenação é outra dura situação. Como ele pode ter levado uma doença tão séria para dentro de sua casa? Colocando em risco a vida da esposa que sempre se dedicou a cuidar dele, dos filhos, dos netos? De uma hora para outra, o indivíduo é colocado em uma posição absolutamente constrangedora. Neste momento, costumam vir à tona os conflitos guardados por anos a fio debaixo do tapete. Mágoas são revividas, ausências são cobradas, a raiva é expressada. É como se a Aids fosse o catalisador de emoções nunca ditas e finalmente afloradas.

Observa-se a tendência de os filhos homens preservarem o pai, entre eles sobressai a velha cultura da sobrevivência masculina, de se protegerem uns aos outros. Então, os filhos tentam justificar o que aconteceu com o pai. A argumentação mais comum é a de que ele, o pai, é homem. E como tal, teve mesmo de manter suas relações sexuais fora de casa. Afinal, faz parte do comportamento masculino.

Já as filhas, inicialmente, perdem aquela imagem de homem ideal que tinham do pai, o companheiro, o trabalhador, o provedor e protetor da família, para passarem a ver esse pai com os olhos da mágoa, da traição. Elas se unem às esposas/mães em seu sofrimento, buscam respostas. A situação muda quando a mulher é contaminada por seu marido, os aspectos se modificam sobremaneira, a busca por resposta fica menor frente à raiva, à indignação predominante, fazendo com que algumas mulheres omitam de seus filhos esta informação. A justificativa é poupá-los de sofrimentos, de sorte que a mãe guarda para si o diagnóstico, segredo que perdura por muito tempo ou até que algum deles adoeça.

Por outro lado, pessoas com laços menos próximos podem ser menos compreensivas. Certa vez um paciente relatou, em consulta, o constrangimento por que passara no final de semana anterior. Contou que estava com a neta de quatro anos no colo, rindo com ela e narrando histórias para a garotinha, quando a porta da sala se abriu e entrou o genro que acabara de retornar do trabalho. Tão logo viu a filha no colo do avô, partiu para cima dele com os olhos esbugalhados, aos berros: "Fique longe de minha filha, seu velho safado!" O paciente tinha os olhos cheios de lágrimas ao relembrar o fato e caiu em prantos. "Doutor", disse ele, "minha filha viu aquela cena sem emitir uma única palavra ou olhar de reprovação, senti que ela compartilhava o sentimento do marido". E, a partir daí, a neta só se aproximava do avô quando seus pais estavam distantes. Eis uma situação dramática, perversa mesmo, em que a sexualidade do idoso é vista como imoral, e estar contaminado pelo HIV, sua punição.

Nesse contexto, outros tipos de contaminação, como a que ocorre com a transfusão de sangue, não ficam atrás. Um paciente de 75 anos, assim infectado após uma cirurgia de próstata, chorava sobre o corpo de sua esposa no velório, quando um dos cunhados o interpelou. "Não foi por uma transfusão que você se contaminou, diga a verdade", sentenciou ele, na tentativa de insinuar uma traição por parte do viúvo. Que nunca aconteceu! Então, o idoso disse de sua incredulidade diante da situação, de não entender como o cunhado podia ter semelhante pensamento a respeito dele, um homem que sempre amara, respeitara e fora fiel à esposa. A Aids, como se vê não só pela doença em si, mas também pelas sensações e medos que provoca, caracteriza-se como um mal que a difere de todos os demais males de saúde que possam acometer o ser humano. Um misto de arrependimento e revolta cai sobre os infectados ao saber que poderiam ter evitado a doença com a prevenção adequada. Uma vez não tendo se prevenido, eis a vida mudada, os hábitos também modificados, muitas vezes até mesmo a dignidade abalada, ao revelarem o diagnóstico. Infectados, passam a se sentir marginalizados, rotulados, perdem o respeito da própria família em muitos casos.

No homem fragilizado pela doença há uma mistura de sentimentos, ele se vê destituído de suas qualidades e diante da difícil tarefa de iniciar um tratamento com medicamentos que, até que sejam adaptados pelo organismo, podem causar reações indesejáveis, como náuseas, vômitos e alterações do sono, que o debilitam ainda mais. De que forma encontrar forças para superar essas dificuldades? O papel da equipe médica é de fundamental importância nesse sentido, servindo de contraponto ao problema. Como? Conseguindo entender tanto o paciente quanto o universo que o cerca, ajudando seu paciente a superar o impacto do diagnóstico.

Na maioria das famílias, a tendência é de aconchego, em especial porque as mulheres costumam pensar muito na instituição familiar, nos filhos, nos netos, além de ser comum o raciocínio que as leva a avaliar: se eu não cuidar dele, ninguém mais fará isso. É daí que vem o apoio ao doente, mesmo que no dia a dia esse apoio não impeça a lembrança do ocorrido, sempre que a oportunidade se apresente. "Doutor, minha esposa faz questão de me lembrar que me contaminei pelo HIV, se esqueço de tomar remédio, lá vem algum comentário, ah, tenha responsabilidade com as coisas agora, já que não teve antes, pois não fui eu quem escolheu tudo isso", contou um paciente. Nessa hora, bate a tristeza, é como carregar uma culpa por toda a vida, parece um pesadelo em que as pessoas não entendem o doente. E como a melhor defesa é o ataque, há casos em que o marido, de tão acuado, tenta virar o jogo contra a esposa, quer transferir a responsabilidade de sua contaminação à mulher. Afirma que foi ele o contaminado por ela, que nunca passou pela cabeça dele que ela pudesse traí-lo, cria uma cena. É uma situação muito complicada. A esposa, firme nas suas convicções, se mantém, pois ela sabe que não teve relacionamento sexual que não fosse com o marido que, em muitos casos, foi o único homem com quem se relacionou intimamente em sua vida. Ainda assim, busca descobrir a possibilidade de ter-se contaminado de alguma forma, na cirurgia ginecológica ou na eventual transfusão de sangue que recebeu. Quem sabe com a manicure? No cabeleireiro? No dentista! A realização do teste, com resultado negativo, comprova que ela não é a responsável pela contaminação. Eis uma situação difícil de aceitar e capaz até de fazer com que a mulher se distancie do até então marido, sem, no entanto, deixar claro a todos o ocorrido.

Diante do marido doente no leito hospitalar, passados vários dias entre a confirmação diagnóstica do companheiro e o teste realizado por ela, S., tendo sido colocada como acusada pela contaminação dele, convocou todos os familiares próximos, filhos, genros, cunhados e irmãos, que se reuniam em torno do leito do paciente, e revelou o diagnóstico a todos. "Bem, depois de tudo, cuidem vocês dele", sentenciou, virando as costas e indo embora. Felizmente, esta é uma atitude pouco comum, porque na maioria das vezes os homens entendem sua culpabilidade. Sabem que erraram, mas tentam, de alguma forma, justificar seus erros. "Doutor, é fácil para ela dizer que errei, mas quantas vezes eu a procurei e ela virou as costas e dormiu?", escuda-se o marido.

A história do paciente V. é bem emblemática nesse sentido. Depois do casamento da filha, ele acreditava que pudesse ficar mais próximo da esposa, sexualmente falando, afinal teriam mais tempo sozinhos, com menos tarefa como pai e mãe, ou seja, as oportunidades para o relacionamento sexual seriam maiores. "Mas a primeira coisa que ela fez foi comprar um cachorro, não um cão qualquer, mas um pastor alemão que, para minha 'sorte', era tão apegado a ela que eu não podia nem mesmo abraçá-la, pois logo rosnava", contou ele. E disse mais: "Certa vez, sem que ela soubesse, combinei com meus genros e filhas que minha esposa não poderia ficar com os netos no dia tal, cancelei meus compromissos e aleguei dor de cabeça para ficar em casa. Fiz questão de deixar o cachorro preso no quintal. Imaginando ser aquele um dia especial, encomendei flores acompanhadas de um romântico cartão por mim assinado na tarde anterior". Porém, a esposa percebeu a natureza da situação, desconfiou que dificilmente fugiria de um contato íntimo com o marido, então, carinhosamente, orientou-o a aguardá-la no quarto, onde logo estaria. Passaram-se incontáveis minutos e ela finalmente apareceu, mas não estava sozinha, atrás dela vinha... o cachorro! Fora da coleira, o cão também entrou no quarto do casal.

Este relato mostra a dificuldade que muitos casais enfrentam para comunicar seus desejos, para harmonizar suas atitudes no sentido do convívio amoroso. Falta diálogo, sentimento de companheirismo, solidariedade no amor. Porque o amor também necessita de conversa, entendimento, clareza de objetivos, mais ainda quando se trata de casais mais velhos, afinal, a vida vai mudando com o tempo, os corpos, também. Sem este diálogo, pode ocorrer um aparte nas expectativas. De um lado, eis o homem com o vigor da maturidade, envelhecendo com saúde e disposição, e ainda sob a ação de hormônios sexuais, que decrescem gradualmente, mas ele ainda mantém o desejo sexual. De outro, a mulher, vivenciando o declínio hormonal decorrente da menopausa, fase da vida em que ocorre a dor durante a relação sexual, por causa da diminuição da lubrificação vaginal, a diminuição da libido, ou seja, do desejo sexual. Esse conjunto de sintomas femininos faz com que muitas mulheres terminem por evitar as relações sexuais. Outras, porém, sentem-se obrigadas a satisfazer seus maridos com relações sexuais eventuais e desprotegidas, ainda que tenham em mente a possibilidade de que seus homens possam ter procurado outras mulheres fora de casa e quem sabe até contraído alguma doença sexualmente transmissível. Pela cabeça delas, porém, nunca passa o vírus HIV, a AIDS!

A boa evolução do tratamento de homens contaminados depende muito da atitude da família, dos amigos e da sociedade em geral. A falta de apoio, de acolhimento, o desprezo de que se torna alvo, podem levá-lo à depressão. A consequência mais comum, nessas situações, é o doente se cuidar menos, relaxar com a saúde e ficar desanimado, agravando seu estado. Entretanto, ao se sentir acolhido, mostrará mais apego pela vida. Algo como descobrir que precisa lutar para sobreviver e merecer esse acolhimento que recebeu de todos.

Há relatos de homens que dizem que, depois de se sentirem aceitos novamente, fizeram um acordo consigo mesmos: de se cuidarem para poder ver a família crescer, a filha se casar, o neto nascer. Quando isso acontece, o prognóstico é muito favorável. Este homem faz uma revolução nos seus hábitos de vida para garantir mais saúde, deixa de lado o cigarro, a bebida, torna-se mais cuidadoso com as refeições.

Se o homem sente medo de que sua condição de saúde seja descoberta? Sim, sente, pois esta é uma situação que exige aprendizado para entender que não é o fim do mundo – porque realmente não é. Ainda assim, muitos confessam que, quando entram em um ônibus, por exemplo, sentem-se observados. "Estão todos olhando para mim", acredita o paciente. Claro que isso não é verdade, mas é assim que ele se sente, como alvo. E a sensação se agrava à medida que os efeitos físicos do tratamento, como a lipodistrofia, começam a surgir e a perda da gordura da face evidencia a ossatura do rosto, relembrando aqueles pacientes que abriam o quadro no início da década de 1980, quando ainda não havia medicamentos específicos.

Para muitos esta fase é de depressão, com consequente recolhimento do paciente. Ele prefere ficar em casa, afasta-se do trabalho, dos amigos, sente-se mais protegido quando sozinho, sente medo, enfim. Esta reclusão o leva a querer abandonar o tratamento, que não deve ser interrompido. Abordagens por procedimento de cirurgia plástica podem ajudá-los a atenuar esses efeitos, garantindo a sua reintegração social.

A doença passa também a ter um impacto na economia da família, uma vez que hoje os idosos colaboram com o orçamento doméstico, e ao ficarem doentes ou acometidos por quadro depressivo, tornam-se impedidos de trabalhar. E como na maioria das vezes são aposentados que aceitam trabalhar sem registro na carteira e, portanto, sem respaldo legal para licenças ou abonos, o dinheiro da família diminui. Esta realidade faz com que o homem contaminado não queira se internar para o tratamento, assim como evita retornar periodicamente para realizar os exames necessários. "Doutor, não consegui fazer os exames que o senhor pediu porque eu não teria como perder a manhã toda de trabalho, quem vai pagar minhas contas?", diz o doente.

A Aids não tem influência específica sobre doenças tipicamente masculinas. Não há relação com câncer de próstata, por exemplo. Entretanto, dá-se o aumento dos riscos para males cardiovasculares, como infarto ou acidente vascular, decorrentes tanto da própria infecção pelo vírus como de seu tratamento.

Capítulo VII

O MOMENTO DO DIAGNÓSTICO

Avançam a ciência, a tecnologia, os conhecimentos. Progride a sociedade nos mais diversos setores do desenvolvimento e o conjunto dessas conquistas melhorou em muito a vida e a saúde do homem. Entretanto, mesmo sendo seu corpo uma máquina funcional e perfeita em suas engrenagens, a realidade do ser humano é que ele adoece. E quando se trata de doenças, é preciso atentar para um preceito básico, uma regra fundamental a ser obedecida na medicina, segundo a qual quanto mais precoce for o diagnóstico, melhores as chances do paciente contra a doença.

Na Aids, essa premissa tem valor importante. Quanto mais cedo o HIV for detectado, maiores as possibilidades de o vírus ser contido por meio do uso dos medicamentos antirretrovirais. Ao longo dos anos, a ciência vem confirmando que a recomendação "bata cedo, bata forte", cunhada no final da década de 1990, estava certa. Isso significa não perder tempo e iniciar a terapia com os remédios tão logo se tenha a confirmação da infecção. Dessa maneira, freia-se a multiplicação do vírus e seu ataque às células CD-4, integrantes do sistema de defesa do organismo e justamente os principais alvos do HIV. Com a agressão enfraquecida, tem-se o exército de defesa do corpo fortalecido para impedir o desenvolvimento das doenças oportunistas – chamadas assim porque aparecem ao primeiro sinal de fragilidade do sistema imunológico.

No caso do idoso, entretanto, ainda é preciso caminhar muito para que o diagnóstico precoce seja uma realidade, e dois fatores primordiais contribuem para esse problema. O primeiro deles repousa na crença praticamente generalizada entre os mais velhos de que a Aids não seja uma enfermidade que possa atingir seu grupo etário a essa altura da vida! Para eles, a idade avançada os escuda contra o vírus, o tempo de vida já vivido os isenta da infecção, e muitos deles ainda relacionam a doença como sendo um mal afeito a homossexuais, por exemplo. Portanto, nem aventam a possibilidade de ter Aids, quando começam a apresentar sintomas. Ou seja, o HIV não lhes passa pela cabeça, sentem-se, pela idade, seguros e fora de seu alcance – grande e perigoso engano.

A segunda questão diz respeito aos médicos. É possível afirmar com certeza que a maioria dos médicos demora muito a considerar real a probabilidade de o paciente idoso ter Aids. Grande parte tem imensa dificuldade de juntar os dados e decidir pedir a seu paciente um teste de detecção do vírus. Portanto, observa-se na prática clínica a predominância de uma grande dificuldade de fazer com que essa hipótese faça parte do raciocínio médico. Talvez isso esteja começando a mudar entre infectologistas e gerontologistas, mas ainda não ocorre na medida em que deveria.

Na verdade, existe no pensamento corrente da sociedade a dificuldade de acreditar que um idoso possa ter Aids. Mais comum é pensar ah, imagine, um velhinho de 82 anos solicitar o teste de HIV para ele, tem cabimento?! Para piorar a situação, muitas vezes o médico realmente se constrange em pedir o exame, afinal ele olha para aquele paciente e em sua mente surgem figuras que lhe são queridas e às quais deve respeito e consideração: o avô, o pai. É muito difícil, para esse profissional, se desvincular da ideia de que esses idosos estejam a salvo de uma doença sexualmente transmissível, por força de preponderar em seu conceito a crença de que os velhos não vivem por aí a fazer sexo como se jovens fossem – mas o mundo mudou, a humanidade está mudada. Além disso, há outro obstáculo nesta questão. Para pedir o teste, é preciso ter o consentimento do paciente, quando ele tiver condições para tanto, ou de seus familiares. Tal consentimento ocorre verbalmente, porém, deve constar no prontuário do paciente e, se alguns deles se negarem a dar essa autorização, explicações corretas e insistentes terminarão por convencê-los, na sua maioria.

O senhor R. M. chegou ao consultório com pneumonia grave que sugeria uma doença oportunista. Em conversa com seu filho, foi exposta a necessidade de se fazer o exame e isso bastou para que o autor deste livro quase fosse agredido! O filho disse que exigia respeito para com o pai na qualidade de ser humano que era. Pois foi exatamente esse mesmo argumento relativo ao respeito ao ser humano, a arma usada pelo profissional para reforçar a necessidade da realização do referido exame. Feito o teste, deu positivo.

Em casos excepcionais de não autorização do paciente ou da família, se houver risco iminente de morte, rompem-se os protocolos e o exame é pedido à revelia. Porque se trata de proteger o bem maior, a vida humana. Entretanto, essa falta de autonomia muitas vezes repercute no próprio profissional, que pode acabar optando por não insistir em pedir o exame, para não se indispor com o paciente e sua família. Evidentemente trata-se de uma situação complicada porque pode ter consequências danosas para a saúde do doente, mas felizmente a regra geral é a concordância. Aqueles que relutam são, em geral, os que correm mais riscos de estar contaminados.

Tempos atrás, no dia a dia dos grandes hospitais, este era um assunto tão delicado e desgastante que a tendência era o profissional, de alguma maneira, tentar passar a tarefa ao próximo colega a substituí-lo no plantão seguinte, para que esse colega solicitasse o exame. Era a velha prática de deixar sem solução algo complicado e passar o problema para outros. No máximo, muitos colocavam no prontuário uma sugestão para que o teste fosse realizado, isentando-se assim de eventuais responsabilidades ou drama de consciência.

CONFUSÃO DE SINTOMAS

Não é difícil imaginar como pensa um médico ao se deparar com um paciente mais velho. Por exemplo, se um homem idoso apresenta pneumonia que não cede aos remédios, o que esse profissional vai considerar em primeiro lugar? Provavelmente, que o paciente esteja com o sistema de defesa do corpo debilitado em função da idade – é a situação mais comum.

Outra armadilha acontece no aparecimento de um paciente com sintomas de demência. Entre os idosos, isso é frequente e normalmente está associado a doenças neurodegenerativas, como o Mal de Alzheimer – caracterizado pela perda gradual da memória e da capacidade cognitiva – e o

Mal de Parkinson, marcado pela perda progressiva da coordenação motora.

No entanto, o HIV pode, sim, produzir sintomas semelhantes. Quando atinge o cérebro, o vírus tem o chamado tropismo – uma preferência pelas células cerebrais. Se essas células forem atingidas por ele, pode haver o desenvolvimento de uma inflamação cerebral (encefalite) que se desenrola de forma lenta e gradual, podendo levar a quadros demenciais de perda de memória, alteração na concentração e coordenação motora.

O que acontece, porém, é que primeiro o idoso será tratado do que se acha que ele tem – Parkinson ou Alzheimer, por exemplo. Afinal, é a regra. Um fator complicador é que ainda não há um teste que aponte com 100% de certeza a presença das duas doenças. O diagnóstico, nesses casos, é feito principalmente a partir de uma avaliação clínica baseada nos sintomas apresentados. E como não se tem um exame documentando as enfermidades, em tese, em primeiro lugar é uma delas que está afetando os mais velhos.

Registre-se como exemplo o caso de um idoso de 73 anos que estava apresentando lapsos de memória, agravados nos seis meses anteriores à chegada ao consultório. Era um jornalista, pessoa muito culta, homem bem-informado. Estava sendo acompanhado por um bom neurologista, que fez todas as avaliações neurológicas possíveis e, esgotadas as possibilidades sobre as quais havia cogitado, resolveu partir para a busca de uma causa infecciosa. Foi solicitado teste de sífilis, doença provocada por uma bactéria chamada treponema que, depois de muitos anos alojada no cérebro de forma assintomática, é capaz de se expressar. Inclusive com casos demenciais, quando então o teste se revela positivo; não tendo pensado, porém, em Aids, o exame só foi solicitado posteriormente. Porque somente nessa ocasião se pensou em Aids, uma vez que ambas são doenças sexualmente transmissíveis, portanto, quem tem uma poderia ter outra. Este atraso na realização do teste poderia ter sido limitante para o doente na forma de comprometimento mais severo da imunidade, caracterizando-se pela presença de doenças oportunistas.

Mais uma confusão clássica se dá quando o paciente apresenta sinais como diarreia, emagrecimento súbito e fadiga constante. Diante desse quadro, o médico vai pensar logo em câncer. Não se cogita que tais sinais podem aparecer em paciente soropositivo, com comprometimento da imunidade, uma das primeiras manifestações da doença.

Esse tipo de dificuldade pode fazer com que o tempo médio para o diagnóstico da doença em idosos seja postergado por até seis meses, acarretando importante repercussão imune que favorece doenças oportunistas. Especialmente quando os linfócitos T-CD4 estiverem abaixo de 200. Para o paciente J., 67 anos, o diagnóstico levou um mês para ser definido Ele apresentava febre e estava emagrecendo muito, procurou vários serviços médicos e exames lhe foram solicitados para investigar eventual câncer. Somente com o passar dos dias é que foi possível elucidar o diagnóstico que, pelo tempo relativamente curto, garantiu sobrevida ao doente.

Existem, é claro, situações nas quais é impossível não pensar na possibilidade de HIV, mesmo em idosos. Alguém que chega com monilíase oral, o conhecido "sapinho", provocado por fungos que podem causar lesões esbranquiçadas na boca, tem boas chances de estar contaminado pelo HIV. Assim como pacientes com tuberculose também necessitam ser submetidos ao teste para HIV, desde que é bastante frequente a associação entre as duas doenças.

SINAIS QUE PODEM DENUNCIAR A PRESENÇA DO HIV

Em relação a outras doenças, também é possível observar a manifestação de alguns sinais que podem estar relacionados ao HIV. Quanto aos aspectos neurológicos, já foi dito aqui que o indivíduo pode apresentar quadros de demência ou sofrer consequências como formigamentos ou paralisia de um ou mais membros, formando um quadro parecido com o apresentado por paciente que tenha sofrido um acidente vascular cerebral.

No caso de manifestações pulmonares, há um aspecto clássico que não deve passar despercebido. Se há uma pneumonia refratária às medicações, deve-se pensar na possibilidade de pneumocistose – doença pulmonar provocada por um agente oportunista, o *pneumocistis jerovessi*. O quadro é de inflamação dos alvéolos pulmonares, dificultando as trocas gasosas e, dessa forma, ocorrendo a queda do oxigênio no sangue.

Capítulo VIII

O TRATAMENTO DA AIDS NA TERCEIRA IDADE

A ansiedade bate forte no ânimo de dona Ruth (nome fictício), ao chegar ao ambulatório destinado aos idosos, onde espera receber os resultados de seu exame de sangue, porque esses resultados podiam indicar para ela o início das medicações genericamente chamadas de "coquetel" e aplicadas ao tratamento da Aids. Dona Ruth está trêmula, sua aflição é visível, ela não sorri e sua atenção se volta nervosamente para os resultados que aguarda. Eles já estão em seu prontuário? Qual será o veredicto?

Esta é uma situação comum a todos os pacientes, independentemente da idade que tenham, pois é sabido que, uma vez iniciado o tratamento com as medicações antirretrovirais, eis um caminho sem volta em suas vidas – não se pode interrompê-lo jamais. E essa nova realidade inclui mudanças rigorosas de hábitos e costumes, cuidados com a dieta, abstenção de bebidas alcoólicas, um rol de medidas que vão modificar o modo de viver do paciente. A rotina alterada é uma forma de garantir o sucesso do tratamento e impedir suas complicações, sejam elas decorrentes de complicações outras provocadas pelo uso das medicações a longo prazo, ou advenham da resistência, isto é, da falta de resposta do vírus ao tratamento.

Dois fatores devem ser observados para o início do tratamento: as condições clínicas e a condição do sistema imunológico. A condição imunológica é avaliada por exames de sangue feitos periodicamente, a cada três ou quatro meses, sendo dosado os linfócitos CD4 – células importantes na produção de defesas do organismo, os chamados *anticorpos*. Linfócitos CD4 são as principais células às quais o vírus HIV se liga no organismo, multiplicando-se em seu interior. Dessa forma, ocorre uma grande proliferação de vírus, os provírus, dentro dos linfócitos que acabam se rompendo e liberando, assim, mais vírus na corrente sanguínea.

Os linfócitos CD4 devem estar acima de 500, e a partir de níveis mais baixos, especialmente abaixo de 200, podem levar às chamadas doenças oportunistas, isto é, doenças infecciosas causadas por agentes como bactérias, fungos e vírus, que se aproveitam da fragilidade do organismo em produzir menor quantidade de anticorpos. Portanto, a presença de doenças oportunistas é considerada como fator para a introdução das medicações antirretrovirais.

A Síndrome da Imunodeficiência Adquirida (SIDA ou AIDS) é considerada um conjunto de sinais de sintomas que levam ao diagnóstico do comprometimento do sistema imunológico em consequência da infecção pelo vírus HIV. Neste estágio, portanto, inicia-se o tratamento com medicações específicas. O idoso passa a receber o mesmo tratamento dado aos adultos mais novos. Não há diferença. Atualmente, a terapia anti-HIV consiste no uso de medicações específicas contra o vírus, com a finalidade de inibir sua multiplicação dentro do organismo.

Pioneira das terapias, o AZT surgiu em 1988, mas atualmente há pelo menos outras 18 drogas disponíveis que atuam em fases diversas de replicação do vírus. A maior parte dessas terapias impede a ação de enzimas necessárias à multiplicação do vírus dentro das células CD-4, principal alvo do HIV e componentes do sistema de defesa do organismo. O vírus as invade, mistura nelas seu material genético e usa suas estruturas para continuar seu caminho de destruição do sistema imunológico, infectando uma célula após outra e deixando abertas as defesas do corpo.

Há basicamente cinco categorias de drogas: inibidores de protease, enzima usada pelo vírus no seu primeiro estágio de multiplicação dentro da célula; inibidores de transcriptase reversa, utilizada em fase intermediária de multiplicação; inibidores de integrase (impedem a integração do vírus dentro do núcleo da célula humana); inibidores de fusão, que bloqueiam os receptadores de parede da célula humana, evitando sua entrada. Em geral, o tratamento se baseia no uso combinado de algumas dessas drogas. É por isso que, em média, o paciente é obrigado a tomar vários comprimidos por dia. Essa ingestão de remédios obedece a horários determinados e, a depender das medicações, exige várias tomadas ao dia ou esquemas mais cômodos com menor número de comprimidos. A terapia deve ser seguida a vida toda, respeitando-se os horários estabelecidos a fim de se evitar resistência do vírus às medicações. O uso adequado permite que o paciente consiga derrubar a carga viral – a quantidade de vírus presente na circulação sanguínea – em média após três meses de tratamento, ficando com seu sistema imunológico menos vulnerável às já citadas doenças oportunistas.

Mas, o corpo paga um preço por esse tratamento. Hoje, depois de mais de vinte anos de experiência no combate à doença, já se conhecem com clareza os efeitos colaterais das drogas. Infelizmente, eles são muitos. Há o descontrole no nível de concentração de gorduras como o colesterol e os triglicérides. Os antirretrovirais também causam um fenômeno chamado *lipodistrofia*, caracterizado pelo acúmulo de gordura em determinados pontos do corpo e sua escassez em outros. É comum, por exemplo, o paciente apresentar rosto, braços e pernas bastante emagrecidos, justamente pela redução de gordura nesses locais. Algumas medicações promovem dificuldade de os açúcares entrarem nas células do organismo – é a chamada resistência à insulina, favorecendo o aparecimento de diabetes. Outras, porém, podem provocar alterações da deposição de cálcio (mineralização) no osso, tornando-o mais vulnerável a fraturas, ou alterando a função dos rins, diminuindo a filtração de substâncias tóxicas do sangue, como a ureia e a creatinina, o que exige controle rigoroso por meio de exames de sangue periódicos. Estes efeitos estabelecem-se a partir do primeiro ano de uso das medicações, agravando-se com o passar do tempo. São mais intensos em pacientes que já apresentem essas alterações, ou seja, que já as tenham antes do início do tratamento e acabam intensificando-as durante o tratamento antirretroviral. Pacientes que apresentem predisposição familiar para desenvolvê-las, como história de diabetes ou alterações de colesterol e triglicérides em parentes próximos, devem ser alertados para esta ocorrência.

Tais efeitos não são diferentes em idosos, muito mais quando se sabe que já apresentam várias doenças prévias, as quais tendem a se agravar em vigência do tratamento estabelecido, caso a escolha de drogas e controles laboratoriais não seja feita de maneira adequada. Isso é o que se observa na prática clínica, pois a medicina ainda carece de estudos específicos feitos entre essa população, já que, até hoje, todos os trabalhos tiveram como foco o estudo de pacientes adultos jovens e adultos.

O grande problema é que, em um organismo mais envelhecido, essas consequências podem ter efeito mais devastador. Exemplo dessa situação é a dificuldade para o controle do colesterol. Por mais que esses idosos tenham cuidado com a alimentação, pratiquem exercícios e tomem os remédios recomendados, há uma imensa dificuldade em manter as taxas nos níveis desejados. Esta situação é mais acentuada especialmente nas mulheres em período de menopausa, pois o colesterol que seria utilizado para a produção de hormônios estrogênicos acumula-se no sangue e, consequentemente, deposita-se nas artérias, tendendo a entupi-las. Isso aumenta enormemente o risco de doenças cardíacas e vasculares como o infarto do miocárdio, a hipertensão arterial e os derrames cerebrais. A associação de medicações específicas acaba aumentando sobremaneira a quantidade de comprimidos a serem ingeridos, o que, com o passar do tempo, resulta na não regularidade e uso de todos os medicamentos, colocando em risco o sucesso no tratamento contra o HIV e para os controles das doenças associadas.

Já houve casos como o de R. que, internado em uma enfermaria, questionou: "Doutor, olhe só o número de medicamentos que tenho de tomar (em sua mão constavam cerca de 12 cápsulas), eu lhe pergunto, o senhor acha que tenho espaço no estômago para comer alguma coisa?". Certamente o grande número de medicamentos em horários coincidentes com as refeições, ou pouco tempo antes delas, compromete a aceitação das refeições, reduzindo-se a pequenas porções e permitindo o grande risco de emagrecimento, intensificando, assim, a lipodistrofia. Sem contar que náuseas e vômitos podem agravar ainda mais a situação, fazendo com que o médico enfrente uma limitação terapêutica muito grande.

Se há um fator relevante a favor da população idosa é seu tremendo esforço para aderir ao tratamento. Um paciente mais velho com Aids segue muito mais à risca as orientações médicas que os mais jovens. Há várias razões para esse comportamento, mas talvez a mais importante seja o medo real de morrer. É claro que este sentimento sempre permeou a vida de todos, mas à medida que o ser humano envelhece, se torna mais incômodo e, em alguns casos, mais assustador. Quando um jovem recebe o diagnóstico, é um drama, sem dúvida, mas ele ainda tem aquela sensação de que poderá desfrutar uma vida longa. Com o idoso é diferente. A notícia de que é portador do HIV cai quase como uma sentença de morte, como se ela finalmente se apresentasse mais próxima do que nunca.

Franzino, calvo, em geral uma pessoa falante, aquele senhor que entrou certa tarde no consultório, estava cabisbaixo, calado. Diante dessa atitude inusitada em seu comportamento habitual, inevitável reparar-lhe a tristeza. E ele, com lágrimas nos olhos, começou a contar: "Doutor, neste final de semana, arrumei algumas caixas em casa e nelas havia fotos, cartas que recebi da minha namorada (hoje esposa), desenhos escolares dos meus filhos (agora já casados, ele tem netos na faculdade) e aí percebi como o tempo passou. Lembrei-me da minha doença e percebi que talvez o tempo tenha passado mesmo, eu me sinto como numa partida de futebol, porém, na prorrogação, acho que não me demorarei em partir".

Em momentos cruciais como esse, é preciso ter boas palavras de motivação e alento para o doente, reforçar o valor de tudo aquilo que ele já possa ter feito pela família, acenar com a possibilidade de ele poder continuar a seguir com sua vida nesse mesmo caminho, levá-lo a perceber que mesmo para si próprio ainda há muito o que fazer. Este cenário foi real e, passados cerca de cinco anos daquela conversa, o paciente voltou a estudar e atualmente trabalha para complementar o orçamento doméstico. Dessa forma, está ativo, sente-se valorizado por poder, com sua colaboração, proporcionar a seus netos estudos em escola particular. Perguntado se tinha lembranças daquele papo e do que havia dito, ele foi enfático: "Talvez o HIV tenha me feito apreciar cada momento da minha vida nos últimos anos, sou capaz de me emocionar com o sorriso dos meus netos, o carinho da minha mulher e me surpreender com tudo aquilo que conquistei, lutarei a todo instante para continuar vivo".

Eis a questão. Passado o natural período de incredulidade e depressão, em muitos casos o paciente faz um pacto com a vida tão determinantemente que isso pode modificar sua rotina para sempre. Gente que nunca frequentou uma academia começa a fazer alguma atividade física. Aqueles que nunca deram muita atenção ao que comiam resolvem só colocar no prato alimentos saudáveis. Há ainda quem deixe de fumar, depois de anos de vício, os que se voltam para a espiritualidade e passam a ter religião, até mesmo se tornando atuantes em seus templos e cultos, sentindo-se bem com essas mudanças.

É o paciente Y. a concluir: "Doutor, acredito que tenha ficado mais positivo, literalmente, e não somente pelo HIV em meus exames de sangue". Esta constatação traduz a importância da vida e de suas atitudes diárias, capazes de contribuir para o sucesso e a sobrevivência às dificuldades de se ter HIV.

Por sua vez, V. foi contaminado quando estava preso em Amsterdã, Holanda, onde passou sete anos na cadeia, condenado por tráfico de drogas. Obviamente, tinha vivido até então uma vida desregrada. O choque da contaminação levou-o a uma constante batalha de preservação, permitindo-lhe, entre outras coisas, se abster do sexo pelas práticas de meditação e sublimando por completo este desejo. Da mesma forma, também ficou longe das drogas, incluindo cigarro e bebida. A doença o modificou totalmente. Sente-se muito mais tranquilo e seguro com a determinação de manter-se vivo: "Tive um susto na minha vida, dele ganhei a oportunidade de continuar vivo, abracei-a com unhas e dentes".

É preciso destacar que, em tese, é mais fácil para o idoso gerenciar o seu tratamento no dia a dia sem despertar suspeitas sobre sua condição de portador do HIV — até hoje, um temor muito grande para a maioria dos pacientes. É bastante comum que o idoso utilize-se de alguns medicamentos em seu cotidiano, seja uma vitamina ou algum remédio para pressão ou reumatismo, assim, fácil e discretamente as medicações usadas no tratamento anti-HIV podem ser disfarçadas em frascos de outros produtos. Isso ajuda a fazer com que ninguém perceba quais remédios, na verdade, o paciente está ingerindo e isso garante sua utilização em qualquer horário e local sem que o "segredo" seja descoberto.

Há quem providencie despertadores em seus relógios a fim de não esquecer da próxima tomada. Esta condição difere o paciente idoso do adulto jovem que não se utiliza de medicações em público, evitando o constrangimento de ter de inventar alguma desculpa para fazê-lo. Um jovem contaminado confessa: "Doutor, eu estava em almoço com colegas de trabalho, quando me lembrei da medicação que guardara no bolso, não poderia perder o horário. Não tive dúvida, retirei-o do bolso tentando colocá-lo rapidamente na boca, mas fui surpreendido por todos. Questionado para que servia o medicamento, disse-lhes tratar-se de um antibiótico para infecção de garganta. Acho que não colou, terei de tomar mais cuidado".

Para um jovem, tomar as medicações corretamente pode significar abster-se da cervejinha com os amigos, ou durante as festas deixar de beber, como muitos da sua idade o fazem. Como justificar essa atitude? Como não passar por careta, quando na verdade o problema é outro? Isso faz com que muitos usem de maneira irregular as medicações, deixando de tomá-las aos finais de semana ou por ocasião de alguma viagem com amigos. "Como conservarei os medicamentos que precisam ser armazenados em geladeira, quando estiver na casa de amigos? Prefiro deixar de tomá-los ao risco de ser descoberto."

São dilemas próprios da juventude, cujos problemas de ordem prática, embora possam parecer insignificantes, contam demais para que o paciente não siga o tratamento corretamente. Para não falhar com a medicação exigida e ao mesmo tempo se manterem preservados, os pacientes ajeitam-se de toda forma, como ocorreu com o jovem M., em viagem com um grupo de amigos para uma colônia de férias a poucos quilômetros da capital. Na certeza de ser flagrado usando seus medicamentos em algum momento, optou por substituir os frascos originais das medicações para o HIV por outros, de vitamina, remédios para pressão, o que garantiu tranquilidade para utilizá-los nos horários estabelecidos, sem qualquer constrangimento. O paciente até brincou: "Doutor, todos me perguntavam que vitamina era aquela, diziam ter achado o segredo que eu guardava para a minha vitalidade".

TRATAMENTO E VAIDADE

A preocupação com o envelhecimento é bastante comum para as mulheres, e entre as pacientes soropositivas não seria diferente. No início do tratamento, vão bem, ficam efusivas com o fato de terem ganhado a chance de viver. Mas, após algum tempo, muitas se cansam dos remédios e de seus efeitos colaterais, entre eles, a lipodistrofia (quando ocorre a deposição de gordura em algumas partes do corpo como tórax, abdome) e a atrofia da gordura de algumas regiões como pernas, braços e face; ou ainda a dislipidemia (aumento dos níveis sanguíneos de colesterol e triglicérides). Mulheres chegam ao consultório abatidas por causa da medicação antir-retroviral, e reclamam: "Doutor, veja o que esses remédios estão fazendo em mim", dizem, apontando a face murcha com a ossatura aparente.

Porém, muitas vezes o que está acontecendo nada tem a ver com o tratamento em si. Elas passam a enxergar as rugas, a mudança no contorno corporal típica do enve-lhecimento como uma consequência da terapia, quando na verdade não são. Além do problema da vaidade, a mulher tende a achar que essas transformações denunciam a sua condição de portadora do HIV e que, mais cedo ou mais tarde, todos descobrirão essa realidade. Felizmente já existem técnicas de cirurgia plástica para o preenchimento de regiões como a face, assim como a própria lipoaspiração para as áreas onde houver deposição de gorduras. Em muitos dos casos ocorre a recuperação da autoestima, fator relevante para a continuidade do tratamento antirretroviral.

Capítulo IX

A INFLUÊNCIA DO ESTILO DE VIDA

De repente, a confirmação do diagnóstico de uma doença grave, que sempre implica impactos profundos no modo de viver. Inicialmente, dá-se a fase da negativa, da incredulidade, da não aceitação da nova realidade. Praticamente todos os que recebem a informação de que têm Aids, câncer ou outra enfermidade de igual gravidade, tendem a desacreditar dos exames, nutrindo, no fundo do coração, a esperança de que o resultado esteja errado. Depois, normalmente vem a etapa da depressão, período em que o indivíduo costuma se retrair e fazer indagações a si mesmo. Por que eu desenvolvi esta doença? Por que isso aconteceu logo comigo? São questionamentos pessoais comuns, porque não é fácil aceitar a nova situação, mais ainda pelos muitos preconceitos que cercam a doença. Na memória de muitos doentes pode passar o filme da vida de contaminados famosos que a Aids levou, gente como o conhecido cantor e compositor Cazuza, morto em plena juventude e na vigência de grande sucesso na mídia. Sua agonia foi acompanhada pelo país, via revistas, rádio, televisão e jornais. Entretanto, muita coisa mudou depois de sua morte, a ciência evoluiu, novas drogas foram pesquisadas e comprovadamente são mais eficazes, portanto, se estivesse vivo nos dias de hoje, com toda certeza Cazuza receberia tratamento capaz de atenuar por muito mais tempo os efeitos da doença. É possível dizer que teria muito tempo de vida para dedicar à sua carreira e ao seu talento, além de viver em melhores condições.

Superadas essas duas fases iniciais, a experiência mostra que os pacientes passam a pertencer a dois tipos básicos de doentes, em relação à atitude tomada: aqueles que resolvem lutar contra a doença e os que se abatem diante dela. Entre os que decidem enfrentar a enfermidade – cerca de 60%, de acordo com estimativas médicas pessoais do autor –, as alterações que imprimem ao estilo de vida são impressionantes. Surpreende, particularmente, o fato de senhores e senhoras que nunca haviam praticado qualquer tipo de exercício físico, após o diagnóstico tornarem-se assíduos frequentadores de academias de ginástica. Há ainda aqueles que finalmente conseguem adotar uma alimentação mais saudável, param de beber ou de fumar ou voltam a ter noites repousantes de sono. Com muito esforço, deixam para trás hábitos que muitas vezes cultivaram ao longo de uma vida inteira – são atitudes que comprovam terem eles feito um pacto pela vida. Esses pacientes não se entregam, lutam para derrotar a doença porque, antes de mais nada, alimentam-se de uma profunda vontade de viver. E se isso é fundamental para quem está saudável, imagine-se a diferença que faz para quem está contaminado com o vírus da Aids, como faz diferença em todos os sentidos! Contrariando o excelente Fernando Pessoa, viver é preciso, ah, como é!

100

Portador do vírus HIV, o paciente G. decidiu que deveria parar de beber e, para manter a decisão, simplesmente mudou de bairro... Indagado sobre o motivo de medida tão drástica, ele revelou que, a continuar morando no lugar onde vivia, certamente não conseguiria deixar a dependência do álcool. Bastaria encontrar-se com amigos e eles provavelmente iriam para o bar, onde passavam boa parte do tempo. Então, na sua avaliação, o jeito mais fácil de se manter longe da bebida foi simplesmente ir embora.

As reações podem ser diferenciadas. Exemplar é a história de uma senhora contaminada pelo marido e que decidiu simplesmente abolir o companheiro de sua vida! Assim, puf! Como se ele não existisse mais. Até hoje, vivem os dois sob o mesmo teto, mas dormem em quartos separados. No primeiro momento após o diagnóstico, a senhora ficou preocupada com os filhos – quem cuidaria deles?, pensou. Depois, reconheceu que precisava, na verdade, era cuidar de si mesma. Hoje, está ativa, faz hidroginástica, toma a medicação corretamente.

Nessa guinada, em muitos casos o paciente conta com o apoio da família. Há casais que primam pelo amparo mútuo, marido e esposa se incentivam um ao outro, criando um elo bastante positivo entre eles. Esse cuidado bilateral é uma forma de não se perderem um do outro, mas não significa a inexistência de períodos de cansaço, de desalento. Esses momentos tendem a surgir quando, mesmo com todo o esforço, a condição física do paciente parece não melhorar. Nesses casos, é preciso que os médicos intervenham rápido. Devem explicar que são comuns, por exemplo, as oscilações no nível de CD-4, a célula invadida pelo HIV. É claro que quanto maior for esse nível, melhor para o paciente: significa que o vírus está perdendo seu poder de ataque. Mas, pequenos períodos nos quais a taxa de CD-4 não está dentro do parâmetro esperado podem ser registrados, sem que isso signifique que se esteja perdendo a guerra contra a doença.

EXERCÍCIO FÍSICO É FUNDAMENTAL

A orientação dada ao paciente é que toda mudança de hábito positiva irá repercutir, sim, a seu favor – eis uma verdade que se deve incutir nos portadores do vírus. As pesquisas científicas – e a prática clínica – mostram isso de forma muito evidente. É consenso médico a importância do exercício físico para a manutenção da saúde. Isso inclui, obviamente, benefícios também para o tratamento da Aids. A prática física tem repercussões abrangentes. Uma das mais importantes é a melhora das condições cardiovasculares, ou seja, de todo o sistema de bombeamento do sangue para os órgãos do corpo. Entre outras funções, o exercício físico contribui para o controle do colesterol ruim – aquele que entope as artérias – e aumenta o chamado colesterol bom, que ajuda a limpar os vasos sanguíneos do acúmulo de gordura. Além disso, a atividade física auxilia no controle da pressão arterial, da diabete e de outros problemas bastante comuns ao longo do envelhecimento.

No caso da musculação, há um benefício bastante relevante e específico para os portadores de HIV. A modalidade promove a hipertrofia dos músculos, o que ajuda a disfarçar os efeitos da lipodistrofia – problema caracterizado pela ausência ou acúmulo de gordura em determinados pontos do corpo, gerando um efeito estético desagradável. Com o crescimento da massa muscular obtido graças à musculação, áreas afetadas pela pouca gordura acabam sendo preenchidas. A musculação também evita o nítido afilamento de braços e pernas que tende a ocorrer por causa do uso dos remédios antirretrovirais.

O exercício físico fornece ainda outro efeito fundamental: a sensação de prazer e de bem-estar. Quem já fez alguma atividade física sabe do que se trata, a sensação gostosa que o indivíduo sente após uma sessão de exercícios é causada pela descarga de endorfina que o corpo recebe após cerca de 30 minutos de exercícios. As endorfinas são substâncias liberadas pela hipófise, glândula localizada no cérebro, que funcionam como uma espécie de bálsamo. Endorfinas aliviam a dor e ajudam a manter o bem-estar. É por essa razão que o exercício físico é considerado uma indicação de tratamento complementar para doenças que afetam o humor, como a depressão, e também para diminuir o estresse.

A manutenção desse estado de pensamento positivo fortalece os pacientes para lutar contra a doença. Um indivíduo estressado tem contra si a ansiedade, o desânimo e também uma queda no poder de seu exército de defesa. É tudo o que não se quer no tratamento de nenhuma doença e em especial no caso da Aids, cujo principal alvo é justamente o sistema imunológico.

CUIDADO COM A ALIMENTAÇÃO

A boa nutrição tem se tornado um fator cada vez mais importante quando se fala de saúde. Está comprovado que os nutrientes dos alimentos têm influência sobre o funcionamento do corpo humano – para o bem e para o mal. A lista dos alimentos que favorecem o homem é imensa, assim como a das opções que o prejudicam. Entre aqueles que deve ingerir estão frutas e verduras, fartos de vitaminas, fundamentais para o desempenho de várias funções do corpo, entre elas a de combater os radicais livres, moléculas formadas a partir do processo de oxidação, que promovem desequilíbrios extremamente prejudiciais às células. As vitaminas fornecidas por frutas como o morango ou a manga ajudam a enfrentá-las.

O cardápio ideal é imenso. Há as fibras, presentes em frutas e cereais integrais, por exemplo, que ajudam a regular o funcionamento do intestino; as proteínas presentes nas carnes magras, que funcionam como tijolos para nossos músculos; os carboidratos de pães e massas, que dão o combustível necessário para o funcionamento das células.

Não se deve fazer uso de nenhuma terapia complementar sem o prévio conhecimento do médico, evitando-se chás ou ervas como a de São João, que inibem as drogas antirretrovirais. Um fenômeno ainda é tabu para muitos médicos, que resistem em tocar no assunto – o crescimento das terapias complementares, antigamente conhecidas como terapias alternativas. Neste grupo, estão práticas como ioga, acupuntura e meditação, e se sabe que grande parte dos pacientes procura uma dessas técnicas. Não há dúvidas de que auxiliam os pacientes na medida em que permitem melhor equilíbrio da mente e diminuição do estresse. Tanto é verdade, que esses três métodos fazem parte hoje das opções de tratamentos complementares em instituições de renome no Brasil e em outros países.

Sua aceitação pela medicina tradicional se deve ao fato de que elas realmente auxiliam. Ficou para trás o conceito de mente e corpo como partes distintas de um mesmo organismo. Uma alma equilibrada repercute alterações positivas para o corpo. Esses métodos, quando bem indicados, ajudam os pacientes a encontrar esse equilíbrio. Muitos, por exemplo, relatam que conseguem enxergar os problemas por outro ângulo, menos pesado.

O grande problema da utilização dessas técnicas é quando o paciente resolve não contar para o seu médico que está fazendo uso de uma delas. Primeiro, isso significa que ele não confia suficientemente em seu médico, o que é péssimo para o tratamento. Depois, há riscos sérios de interações medicamentosas, principalmente quando a terapia em questão utiliza também alguma substância. É o caso da fitoterapia – técnica que usa remédios à base de plantas. Muitos compostos ativos das plantas interagem com as substâncias dos medicamentos receitados pelo médico. Podem reduzir o efeito do remédio ou provocar complicações como hemorragias. Por isso, o médico precisa saber tudo o que o paciente está fazendo em relação à sua saúde.

Pode parecer somente filosofia, mas a verdade é que saber curtir os bons momentos da vida é um dos grandes segredos para ser feliz. Afinal, ninguém é feliz o tempo todo, todas as horas e dias de sua vida, mas a felicidade existe, claro, e está presente nos momentos especiais da vida de cada um. Por isso, para um paciente com Aids, a doença se torna menos dolorosa se ele souber apreciar a alegria de estar com os amigos, de dançar, de viajar. Enfim, de aproveitar a vida com gosto. E seu físico acaba recebendo os bons efeitos desse estado de espírito. A felicidade está associada ao maior fortalecimento do sistema imunológico, melhor funcionamento cardiovascular e também cerebral.

Um paciente poderoso – existe essa categoria de doente? Existe, sim, é aquele mais preparado para enfrentar a doença, um indivíduo que se trata do ponto de vista físico e do espiritual. Por espiritual deve-se compreender o cuidado em cultivar a alegria, a forma como se reage ao estresse, a reação que se tem diante da vida. Nesse campo, um pilar importante é a fé, independentemente de religião, a importância de se manter a esperança, o otimismo, a certeza de que as coisas acabarão bem. Diversas pesquisas têm mostrado o quanto isso é importante para a manutenção da saúde. Basicamente, a fé também contribui para fortalecer o sistema de defesa do corpo, e funciona como um estímulo para que a pessoa persevere na manutenção de hábitos saudáveis.

E não há problema algum em ser esta fé exercida por meio de alguma religião, até porque o que prepondera no caso é a preservação da vida. As reservas nesse particular vão para algumas seitas que prometem a cura, o milagre. Todo cuidado com essa promessa é pouco, isso é muito perigoso porque pode fazer com que o paciente abandone o tratamento! Já houve caso de o doente desejar parar de tomar as drogas anti-HIV porque foi dito pelo pastor de sua igreja que ele estava curado! Para piorar o problema, muitas vezes o paciente não entende que o fato de seu exame apontar a negatividade do vírus não significa que ele esteja curado. A quantidade de vírus simplesmente caiu a níveis que os testes não conseguem mais detectar, porém, ele ainda está lá, esperando apenas uma brecha, uma falha na terapia, para voltar a se multiplicar, para atacar o corpo do paciente. O vírus pode ser ardiloso, não se deve relaxar na vigilância contra ele, jamais.

Capítulo X

NUNCA É TARDE PARA APRENDER A SE PROTEGER

No dia a dia de trabalho, é possível o médico constatar que muitas pessoas acima de 50 anos não conhecem de verdade as regras para praticar sexo seguro. Em geral, são homens e mulheres que passaram a maior parte da vida ao lado de um(a) único(a) parceiro(a) até que, pelas mais variadas razões, o compromisso terminou. Eles e elas sabem, é claro, da necessidade de usar camisinha, mas possuem tantas dúvidas sobre a prática do sexo seguro quanto adolescentes ansiosos pelo início da vida sexual. Com uma desvantagem: enquanto os adolescentes colocam o assunto em pauta, perguntando aos colegas mais experientes, muitas vezes aos pais e professores, e discutem em fóruns na internet, esses adultos raramente trocam informações entre si.

É preciso entender que esses indivíduos nasceram e foram educados em outra época, quando o sexo ainda não era assunto corriqueiro como hoje em dia, eles são agora pessoas da terceira idade e costumam se sentir constrangidos em mostrar desinformação. Ficam reticentes em perguntar tudo o que querem saber sobre sexo, por exemplo. Mas deveriam enfrentar esse momento com naturalidade e até se orgulhar, afinal estão se dispondo a aprender para proteger a si e ao outro. É por esse motivo que este livro inclui um resumo das perguntas mais frequentes dos pacientes e das questões fundamentais sobre a prevenção da Aids. As respostas foram extraídas da experiência clínica pessoal do autor e do *site* www.aids.gov.br, do Programa de Prevenção de DST e Aids do Ministério da Saúde (www.aids.gov.br), ótima fonte de informação para pessoas de todas as idades.

Leia com calma e atenção as principais recomendações para ter uma vida sexual satisfatória e segura.

ENTENDA A DOENÇA E O VÍRUS

O que é Aids ou Síndrome da Imunodeficiência Adquirida?
É uma síndrome que se manifesta após a infecção do organismo humano pelo Vírus da Imunodeficiência Humana, o HIV (sigla do inglês – *Human Immunodeficiency Vírus*). Trata-se de doença bastante complexa que causa uma inabilidade do sistema de defesa do organismo humano para se proteger de outros micro-organismos invasores (vírus, bactérias, protozoários, etc.).

Como a doença ataca o organismo?
O HIV infecta as células do sistema imunológico, especialmente as células T, levando a uma queda da imunidade e tornando a pessoa mais suscetível a doenças infecciosas.

108

O que é o sistema imunológico?

Ele é composto de milhões de células de defesa de diferentes tipos que protegem o organismo de agentes agressores que podem causar doenças. Entre essas células estão os linfócitos T e B. Ambas identificam e destroem os micro-organismos estranhos ao organismo humano.

Por que a doença enfraquece o sistema imunológico?

Uma vez dentro do organismo, o HIV infecta as células de defesa do sistema imunológico. As células mais atingidas são os linfócitos CD4+, que comandam a resposta específica de defesa do corpo contra vírus e bactérias, por exemplo. A medicina descobriu que o vírus se liga a um dos componentes da membrana dos linfócitos, o CD4, e penetra essas células para se multiplicar no seu interior. Muito engenhoso, o vírus usa o código genético das células para fazer cópias de si mesmo. Daí ele rompe a célula e cai na corrente sanguínea à cata de outras células para se multiplicar. Com o aumento da quantidade de vírus no organismo (a carga viral) e da infecção, cai a capacidade do sistema imune de combater doenças. Desse modo, a pessoa fica mais vulnerável às doenças e infecções.

A Aids é uma doença crônica ou mortal?

A Aids inicialmente era considerada uma doença fatal. Desde 1996, com o aparecimento da terapia combinada antirretroviral, houve uma mudança desse quadro. A Aids agora é considerada uma doença crônica. O uso correto dos medicamentos aumenta a sobrevida, diminui as internações por doenças oportunistas e reduz a mortalidade.

Quais podem ser os primeiros sintomas?

A doença não se manifesta da mesma forma em todas as pessoas. Porém, os sintomas iniciais costumam ser semelhantes e comuns a várias outras doenças. São eles: febre persistente, calafrios, dor de cabeça, dor de garganta, dores musculares, manchas na pele, gânglios ou ínguas embaixo do braço, no pescoço ou na virilha e que podem levar muito tempo para desaparecer. Com a evolução da doença, podem surgir as chamadas infecções oportunistas, a exemplo da pneumonia, tuberculose, alguns tipos de câncer, candidíase, toxoplasmose e meningite, entre outras.

A doença evolui de modo diferente em pessoas que se infectaram antes de entrar na terceira idade?

Não. A evolução está diretamente relacionada ao grau de adesão dos pacientes ao tratamento. O paciente que toma os remédios de modo correto e mantém um estilo de vida com boas horas de sono e bem alimentado tem uma perspectiva melhor de evolução. O problema é o paciente que tem uma adesão irregular e falha muito nas medicações. Esse tem maior chance de desenvolver resistência aos medicamentos, que passam a não ter o efeito desejado. Em consequência, essa pessoa pode ter mais doenças oportunistas. Pacientes mais velhos costumam seguir as indicações da terapia de uma forma mais regulada, com horários bem estabelecidos, e maiores cuidados com alimentação, exercícios, fazendo com que o sucesso terapêutico acabe sendo maior.

FORMAS DE CONTÁGIO

Como é transmitido o vírus da Aids?
O HIV pode ser transmitido pelo sangue, sêmen, secreção vaginal e leite materno. Beijos, abraços, demonstrações de amor e afeto e compartilhar o mesmo espaço físico não transmitem Aids.

Ainda existem grupos de risco e grupos de não-risco?
Não. Essa é uma ideia antiga. Ela existiu no começo da epidemia, quando a Aids atingia principalmente os homens homossexuais, os usuários de drogas injetáveis e os hemofílicos, que passaram a ser considerados grupos de risco. Até que a medicina entendeu ser essa uma abordagem limitada que não explicava o fato de a Aids estar se espalhando entre idosos, por exemplo. Atualmente, fala-se em comportamento de risco e não mais em grupo de risco, pois o vírus passou a se espalhar de forma geral, sem se concentrar em grupos específicos. Prova disso é que aumenta o número de heterossexuais infectados por HIV, principalmente entre mulheres.

Quais são os comportamentos de risco para contrair o HIV?
Ter relações sexuais com pessoas infectadas (do mesmo sexo ou heterossexuais) sem uso de preservativos. Compartilhar seringas e agulhas, principalmente durante o uso de drogas injetáveis. Reutilização de objetos perfurocortantes com presença de sangue ou fluidos contendo o HIV.

Quais são os fatores de risco mais importantes para pessoas da terceira idade?

Os mesmos fatores que causam a disseminação da Aids na juventude.

Qual é o principal meio de prevenção do HIV?

A informação e a camisinha. O uso do preservativo na relação sexual é fundamental. Afinal, além do HIV, uma relação sexual sem proteção envolve o risco de contrair outras doenças, como o vírus da hepatite B, o HPV, que pode levar ao câncer cervical e outras Doenças Sexualmente Transmissíveis (DSTs). Por isso, precisa ficar claro para quem tem vida sexual que o preservativo é a única forma segura de se prevenir.

Quanto tempo depois de contrair o HIV aparecem os sintomas?

O HIV pode ficar latente no interior das células infectadas por bastante tempo. Há casos de pessoas que só manifestaram algum sintoma 10 ou 15 anos depois da exposição ao vírus. Os sintomas aparecem quando os linfócitos T, tipo CD4, caem abaixo de 200 unidades por mm^3 de sangue. Em geral, a quantidade dessas células no sangue de adultos saudáveis é, em média, de 800 a 1.200 unidades. São sintomas típicos da Aids: diarreia persistente, dores de cabeça, contrações abdominais, febre, falta de coordenação, náuseas, vômitos, fadiga extrema, perda de peso, câncer.

COMO FAZER SEXO SEGURO

O beijo na boca é uma via de contágio?

Não existem evidências científicas sobre a transmissão de HIV pelo beijo. Seria necessário haver uma lesão grave na gengiva e sangramento bucal. E ainda que o HIV possa ser encontrado na saliva, existem substâncias na própria saliva com capacidade de neutralizá-lo. Portanto, beijar na boca, fumar o mesmo cigarro ou tomar água no mesmo copo não oferecem riscos.

Existe risco de contrair o HIV fazendo sexo oral sem camisinha?

O risco é menor do que por meio do sexo vaginal, anal ou compartilhamento de seringas. Neste caso, a prática oferece risco maior para quem pratica (o parceiro ativo), dependendo da carga viral de quem recebe. O risco aumenta se houver ferimentos na boca de quem pratica (gengivites, aftas, machucados causados pela escova de dente). Caso não haja nenhum ferimento na boca, o risco de contágio é menor. A prática do sexo oral desprotegido também aumenta o risco de contrair herpes, uretrite, hepatite B ou HPV.

Ter ferimentos e machucados nos genitais aumenta o risco de contágio?

Sim. As feridas ou machucados facilitam o contato do sangue com secreções, elevando o risco de infecção. Geralmente, essas feridas, assim como corrimentos, bolhas e verrugas, são resultado de alguma DST. O uso de preservativos em todas as relações sexuais é o método mais eficaz para reduzir o risco de transmissão tanto das DSTs quanto do vírus da Aids.

Também se pode contrair o vírus em relações em que não há ejaculação?
Sim, porque, como dissemos, as secreções expelidas antes da ejaculação e secreção da vagina contêm o vírus da Aids.

Existe risco de pegar Aids na masturbação a dois, mesmo que seja com um parceiro eventual?
Não havendo troca de sangue, sêmen ou secreção, a prática da masturbação a dois não implica qualquer risco de infecção pelo HIV.

É possível não ser infectado em uma relação sem a proteção da camisinha com uma pessoa portadora do vírus?
Nem sempre há transmissão do vírus em uma relação sem proteção, mas a probabilidade de infectar-se é muito alta. Toda relação sem preservativo é arriscada, mas os riscos aumentam com relação anal receptiva, durante o período menstrual ou na presença de outras doenças sexualmente transmissíveis. Em relações vaginais, as mulheres são mais susceptíveis do que os homens, pois a concentração do vírus é maior no esperma do que na secreção vaginal. Por isso, recomenda-se o uso do preservativo em todas as relações sexuais, o que inclui as práticas sexuais com parceiros soropositivos.

Fazer sexo anal sem proteção é um risco?
Sim, para os dois parceiros. Sexo anal sem camisinha é uma prática considerada de alto risco, e o parceiro passivo corre maior risco.
O reto e o ânus são órgãos com intensa irrigação sanguínea e sem lubrificação própria. Por essa razão, o sexo anal é uma fonte de fácil transmissão de doenças por via

sanguínea, como hepatite e Aids. Sabendo disso, nessas relações é ainda mais importante o uso do preservativo. É recomendável usar também um gel à base de água, a fim de evitar um rompimento do preservativo devido ao atrito da camisinha com o ânus.

COMO USAR A CAMISINHA

A camisinha realmente protege?
Sim. Testes feitos nos Institutos Nacionais de Saúde dos Estados Unidos da América com 40 marcas mais usadas no mundo mostraram que elas são impermeáveis ao vírus da Aids e outros micro-organismos causadores de doenças sexualmente transmissíveis. A camisinha é a melhor proteção contra a doença.

Quais são os cuidados para garantir o uso correto da camisinha masculina?
- Abra a embalagem com cuidado. Não faça isso com os dentes ou com outros objetos que possam danificá-la.
- Coloque a camisinha somente quando o pênis estiver ereto
- Na hora de colocar, aperte a ponta da camisinha para retirar todo o ar e depois desenrole a camisinha até a base do pênis.
- Se precisar de lubrificantes, use os feitos à base de água. Evite os que contêm vaselina e outros lubrificantes à base de óleo.
- Após ejacular, retire a camisinha com o pênis ainda ereto, fechando com a mão a abertura para evitar que o esperma vaze de dentro da camisinha. Dê um nó no

meio da camisinha para depois jogá-la no lixo. Nunca use a camisinha mais de uma vez.

- Não utilize preservativos guardados há muito tempo em locais abafados, como bolsos de calça, carteiras ou porta-luvas de carro, pois ficam mais sujeitos ao rompimento.
- Use um preservativo por vez. Os preservativos sobrepostos podem se romper com o atrito.
- Na hora da compra, confira na embalagem se o produto traz a identificação completa do fabricante ou do importador. Observe as informações sobre o número do lote e a data de validade e verifique se a embalagem do preservativo traz o símbolo de certificação do INMETRO – Instituto Nacional de Metrologia, cuja finalidade é atestar a qualidade do produto.

O que fazer se o preservativo estourar?

A ruptura da camisinha implica risco real de aquisição da infecção por HIV. Independentemente do sexo do parceiro, o certo é interromper a relação e realizar uma higienização. A higiene dos genitais deve ser feita da forma habitual, com água e sabão. Não é necessário o uso de substâncias químicas, que aumentam as chances de ferir pele e mucosas e elevam o risco de contágio pela quebra de barreiras naturais de proteção ao vírus. As pesquisas têm mostrado que a maior parte dos casos de ruptura dos preservativos durante o ato sexual ocorre por uso incorreto.

O que fazer se não há rigidez suficiente do pênis na hora de colocar a camisinha?

Uma sugestão para os casais é fazer a colocação da camisinha com jogos eróticos, durante as preliminares do ato sexual. Os homens que de fato não conseguirem manter a ereção podem pensar na possibilidade de recorrer a um dos diversos medicamentos contra disfunção erétil.

Existe muita resistência ao uso da camisinha na terceira idade?
Sim. Um dos motivos é que no Brasil ainda se valoriza comportamentos machistas, e a grande vítima disso é a mulher. É comum as esposas não terem coragem de pedir aos seus maridos para começarem a usar camisinha por causa das relações extraconjugais deles. No Brasil, porém, quem ainda dá a palavra final se o preservativo será ou não usado é o homem. Por isso, cada vez mais, o uso do preservativo feminino é uma garantia para a mulher. Em última análise, o fato de ela ter relações sem preservativo significa que ela também tem comportamentos de risco e precisa achar um meio de se proteger.

Por que os homens acima de 50 anos resistem ao uso do preservativo?
O uso do preservativo nessa faixa etária ainda é bastante baixo, de acordo com estudos do Ministério da Saúde. Na verdade, é um grupo que tem pouca intimidade com a camisinha. Para eles, o preservativo ainda representa apenas um método para evitar filhos e, por isso, pode ser que tenham precisado dela pouquíssimas vezes na vida. Muitos relatam também o medo de falhar por causa do artefato. Existem também aqueles que acham que por se relacionarem com pessoas da mesma faixa etária não precisam usar camisinha. Como mostra este livro, é um grande engano.

O que fazer para que a camisinha não atrapalhe a vida sexual na terceira idade?

Em primeiro lugar, é necessário aprender a usá-la corretamente. É um erro comum, por exemplo, colocar a camisinha depois de ter "brincado" com o pênis ereto na entrada da vagina. Isso porque a secreção expelida antes da ejaculação e a secreção da vagina também contêm o vírus da Aids.

SOBRE O DIAGNÓSTICO

Quando se deve fazer o teste anti-HIV?

Logo após a relação que desperta suspeitas, com a finalidade de avaliar se um dos parceiros estava previamente contaminado, se isso for possível. Isso porque hoje já existem exames capazes de detectar o vírus precocemente, em cerca de cinco dias após o contágio. Esses exames reduzem a chamada janela imunológica, que em geral é de cerca de três meses. É uma fase em que o indivíduo pode estar infectado, mas ainda não tem anticorpos em quantidade detectável. A produção dos anticorpos ao HIV também pode ser tardia. Por isso, os testes devem ser repetidos durante o período de seis meses a um ano.

Quando a pessoa consegue finalmente saber se tem HIV ou não?

Com a repetição dos testes, a partir de seis meses podemos dizer com segurança que o paciente não corre risco de estar contaminado.

Como é o teste?

O teste mais utilizado para detectar a presença de anticorpos anti-HIV é chamado Elisa. Ele procura no sangue os anticorpos que o corpo desenvolve em resposta à infecção pelo HIV. O resultado é rápido, mas, ocasionalmente, pode surgir um falso positivo (resultado positivo para o HIV, em uma pessoa não contaminada pelo vírus). Por isso, caso o resultado seja positivo, aconselha-se repetir o Elisa e, em seguida, fazer o teste de Western Blot para que não restem quaisquer dúvidas. Como esse teste é mais complicado e exige condições técnicas mais avançadas, só é utilizado como confirmação do Elisa. Ambos detectam anticorpos contra o HIV, produzidos pelo sistema imune do hospedeiro.

Onde fazer o exame anti-HIV?

O teste sorológico para Aids pode ser realizado em laboratórios clínicos particulares. O melhor é fazer o exame após consulta e aconselhamento médico. Nos Centros de Testagem e Aconselhamento (CTA), pertencentes à rede pública de saúde, o teste é gratuito.

Quanto tempo depois da exposição ao vírus HIV podem aparecer os primeiros sintomas?

O tempo decorrido entre a exposição ao vírus e o aparecimento dos primeiros sintomas é de 5 a 30 dias, com uma duração média na faixa de 7 a 14 dias. Como os sinais e sintomas dessa fase são parecidos com os de muitas outras doenças, a única maneira de saber a causa de tais sintomas é fazendo um teste anti-HIV. Em média, a doença propriamente dita costuma se manifestar cerca de 8 a 10 anos após a infecção pelo HIV. Mas isso varia muito. Há casos em que as doenças oportunistas só começam a surgir mais de 15 anos depois da exposição ao vírus. A queda da contagem de linfócitos está diretamente relacionada à velocidade da progressão da Aids.

A ausência de sintomas evidentes da doença exclui a possibilidade de haver infecção pelo vírus HIV?
Não. A pessoa pode estar infectada pelo HIV e não ter desenvolvido a doença (Aids) e por isso não ter sintomas. A Aids pode levar mais de 10 anos para manifestar os primeiros sinais e sintomas.

Por que a maioria dos diagnósticos em idosos é tardia e ocorre quando o paciente já está em fase avançada da doença?
A ocorrência de algumas doenças oportunistas típicas da pessoa portadora do HIV, como a pneumonia e o demenciamento, também é comum na população idosa. Outras manifestações, como fraqueza e alterações de personalidade e nos padrões de sono, presentes em doenças como o Alzheimer, também confundem os especialistas. O resultado é que muitos médicos não consideram a solicitação de um exame de sorologia para o vírus, quando estão diante de um paciente idoso com esses sintomas, simplesmente por acreditarem que a alteração pode ser causada pelo próprio envelhecimento.

SOBRE O TRATAMENTO

Por que muita gente tem dificuldade de aderir ao tratamento?
Existem muitas situações que deixam as pessoas mais vulneráveis e aumentam sua dificuldade de aderir ao tratamento. Na prática, aderir ao tratamento do HIV é

como adquirir um novo hábito de vida, algo que todo mundo sabe que exige grandes esforços.

Os remédios antirretrovirais têm efeitos colaterais?

Sim, vários. Alguns pacientes apresentam as chamadas dislipidemias, alterações do colesterol, dos triglicérides. Outro tipo de efeitos são as disglicidemias, que estariam alterando especificamente a glicose. Já as lipodistrofias, distúrbio na forma em que o organismo produz, utiliza e distribui a gordura corporal, acumulando-se no abdome e tórax, e sofrendo atrofia na gordura da face, braços e pernas, confere ao paciente uma exposição mais acentuada dos ossos da face, tudo causado pelas medicações, comprometendo socialmente este paciente, tanto no aspecto estético, como pelo fato de poder ser mais facilmente identificado quanto a sua doença. Então, a escolha das drogas que cada vez mais reduzam esse tipo de risco é importante. É imperioso perceber que já não se trata somente de desenvolver novas drogas, mas, sim, de melhorar a qualidade de vida dos pacientes que já estão em supressão virológica. Ou seja, do ponto de vista imunológico do HIV, ele está suprimido. O CD-4 está alto, a carga viral indetectável, mas ele tem os triglicérides altos, o colesterol alto, diabete decorrente do tratamento. Toda a tranquilidade que se deseja ter é no uso dos melhores esquemas, na comodidade posológica para esses doentes.

Qual é o futuro do tratamento?

Cada vez mais, o médico e autor deste livro mostra-se convencido do quanto é importante unificar as drogas para facilitar a adesão do paciente, no que tange a sua facilidade de ingestão ao longo do dia, sem perder aquela dose. Ao mesmo tempo, aquelas drogas com "time release", com liberações lentas, garantindo que, mesmo com possíveis esquecimentos do paciente, ele tenha assegurada a atividade da droga ao longo do tempo. E mais e mais a preocupação da escolha das drogas no tratamento, quer dizer, o quanto se sabe como algumas drogas levam a alguns efeitos deletérios em paralelo, que não estariam relacionados ao HIV, mas, sim, ao uso da droga.

OS DESAFIOS DA PREVENÇÃO

Prevenir é melhor que remediar, diz a sabedoria popular, entretanto, somente nos últimos anos o poder público e algumas entidades não-governamentais tomaram ciência da necessidade de informar e conscientizar também os idosos sobre os riscos da Aids. Mas a humanidade ainda engatinha na prevenção, providência inestimável quando o assunto é saúde da população, ainda que esta cultura não esteja inteiramente alicerçada no Brasil, onde é mais disseminada a ideia de deixar como está para ver como é que fica... Urge que se incuta na mentalidade do País a prevenção contra doenças, sempre que possível, não só pela preservação da saúde do indivíduo, mas também pela economia que os governos fazem ao deixar de oferecer número maior de tratamentos, remédios, internações ou cirurgias.

E prevenção começa com conhecimento, ou seja, é preciso fazer com que os mais velhos saibam que também eles estão afeitos ao risco de serem infectados pelo HIV – como todo mundo que faz sexo sem segurança.

Para os idosos, o trabalho também tem de ser feito de forma até didática, explicando os tipos de relação – oral, vaginal e anal – e esclarecendo os riscos de cada uma delas. E como evitar? Camisinha, camisinha, camisinha!

O grande problema é que os próprios idosos encaram as campanhas com um falso moralismo brutal. Isso é terrível! Anos atrás, o Ministério da Saúde aproveitou a campanha de vacinação da gripe, sempre dirigida a idosos, para distribuir panfletos sobre a Aids e também preservativos. Muitos reagiram com indignação. Como assim? Que audácia é essa? Que falta de respeito com os idosos! Mesmo entre os médicos, a voz quase sempre corrente vem carregada de placidez em frases do tipo "deixe os velhinhos fazerem sexo em paz". Não se trata disso, obviamente. É claro que eles têm todo o direito de viver sua sexualidade em plenitude, tal como os jovens ou os adultos jovens, mas, por isso mesmo, devem ser alertados para que se cuidem de maneira adequada, protegendo assim sua saúde e sua vida. Não se pode deixar de frisar o impacto que o sexo desprotegido causa, o quanto a vida do infectado pode ser modificada ou até mesmo perdida por causa do HIV.

A verdade é que as campanhas feitas ainda são tímidas, pouco expressivas, fato que exige movimentação das entidades não-governamentais, como o que vem sendo realizado pelo Sindicato Nacional dos Aposentados, que leva para as pequenas comunidades aulas e debates sobre o tema. Tal providência propicia a disseminação do conhecimento dos riscos corridos pelo grupo dessa faixa etária da população, pois somente a conscientização a respeito do assunto pode promover a prevenção. Essa ideia deve persistir continuamente e não apenas por meio de campanhas temporárias como a escolha, por exemplo, de um ano xis para sua realização – é um trabalho que exige continuidade e não permite interrupção, para se tornar efetivo.

É louvável a escolha governamental das pessoas acima de 50 anos para que sejam incluídas como alvo da campanha, como tem sido feito atualmente, mas é preciso ir além e garantir que este público não seja esquecido nos anos vindouros. No Brasil, o número de paciente idosos é ainda maior, percentualmente, que em outros países, ainda assim só agora se está dando a largada na informação. Certamente esta atitude pode vir a ser um exemplo para que outros países incluam a chamada terceira idade em suas campanhas de saúde pública.

FIM

Conheça também:

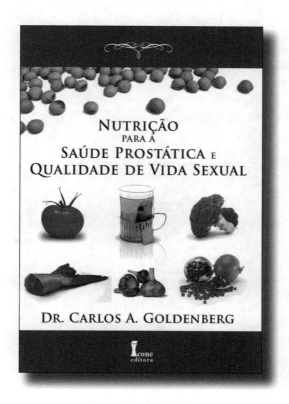

**Nutrição para a Saúde Prostática
e Qualidade de Vida Sexual**

Dr. Carlos A. Goldenberg

248 páginas

Yoga para 3ª Idade

Beatriz Esteves

144 páginas

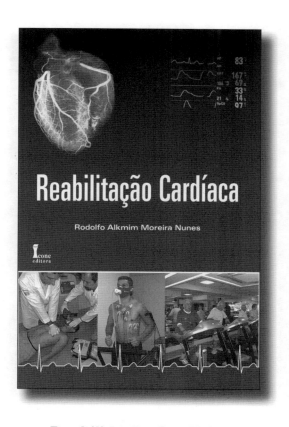

Reabilitação Cardíaca

Rodolfo Alkmim Moreira Nunes

208 páginas

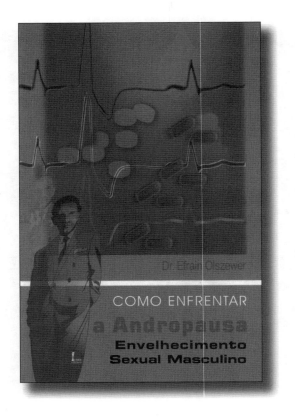

Como Enfrentar a Andropausa – Envelhecimento Sexual Masculino

Dr. Efrain Olszewer

96 páginas